日本《ニッポン》の標準

佐野　祭 著

21世紀BOX

◎装幀・デザイン／池田デザイン　池田文男
◎表紙イラスト／おき田かおり
◎本文イラスト／西田協子
◎マークイラスト／おかざきゆりこ

はじめに

「雰囲気」を「ふいんき」と読むとバカにされます。

そりゃもう、思いっきり。人格すら否定されかねない勢いで。

でも、「茨城県」を「いばらぎけん」と読んでもバカにされません。というか、ほとんど気づかれもしないでしょう。ほんとは「いばら『き』けん」なんですけどね。

同じ読み間違いなのに、この反応の差はどこからくるのでしょうか。

理由があります。

それが日本の標準だからです。

「茨城県」は「いばら『き』けん」が正しい読み方、これはもうまぎれもない事実です。茨城県の公式サイトにもそう書いてあり

ますし、ＮＨＫのアナウンサーもそう読んでます。
でも、日本の標準は「いばら『ぎ』けん」なのです。標準なら仕方ありませんね。

標準はこればかりではありません。
少女とは何歳までを指すか。
トイレから出るとき水を流すのとズボンを上げるのとではどちらが先か。
世の中すべてのことに標準があります。
「そんなわけはない。標準がないことなんていくらでもあるだろう」ですって？
なくても、作ればあるのです。
そんなわけで我々は標準を作る作業にこつこつと取り組んでいます。

　まだまだ道半ばではありますが、そんな新しく定められた標準のごく一部を紹介したのがこの本、「日本の標準」です。


　では、日本の標準がどうやって決まるかをご紹介しましょう。

標準を決めるのは多数決です。

　例えばあなたが家族の方と「歯医者の治療中に目を開けるか」で議論になったとしましょう。

　これは難しい問題です。人が歯医者で目を開けているかどうかは、治療中に上から覗かないとわからないのですが、そんなことのできる人は歯医者本人しかいません。

　そんなときは「日本の標準」議長にメールしてください。

　議長が「これはぜひ標準を決めねばならん」、と判断すると投票が行われます。投票の場はインターネット上のウェブサイトに設けられています。

標準候補として「閉じる」「開ける」「10年以上歯医者に行ったことがない」といった選択肢が用意されます。

さあ、戦いの始まりです。

閉じるか、開けるか、行ってないのか、全国の回答者が意見を添えて投票します。

1週間後回答が締め切られ、もっとも多い票を得た答えがすなわち「日本の標準」となるのです。

たまにまったく同点で終わることがあり、こんなときは議長も投票に参加します。

問題によっては選択肢をあらかじめ用意せず、自由回答のこともあります。

試しに周りの人に、家族でも同僚でも恋人でも友人でも、この本の中の質問を問いかけてみてください。お酒の席とかで話の種に聞いてみるのもいいですね。

あなたが「普通」と思っていることと他の人が「普通」と思っていることがどのくらい違うか、よくわかるはずです。

ふだんよく知っているつもりの人でも、「こいつこんなこと考えていたのか」、と改めて気がつくかもしれません。


あなたの好きな人は鮭の皮を食べますか。

あなたの大切な人はトイレットペーパーを何センチ使いますか。

あなたの嫌いな人は節分に豆をまきましたか。

あなたのお隣の人はスナック菓子を箸で食べますか。

あなた自身の薬指と人差し指はどちらが長いですか。

そして、あなたはそれを知ってましたか。

さあ、それでは皆さん、ご自分の目でしっかりとご確認ください。これが日本の標準です。

「日本の標準」議長　佐野　祭

目
次

人の標準　157

日本の標準 ①

食の標準

日本の標準-①

お食事編

Japanese Standard-① Food

Meal

「たこは、酢だこしか存在しないと思っていた」という方が、初めて真だこを食べたとき、おいしくてとにかく感激したという話があります。このように、味はもちろん、材料、盛りつけ、作法などなど、皆さん、一度は食事についてカルチャーショックを受けたことがあるのではないでしょうか。たとえば、ふだんなにげなく食べているエビフライ。こんなところにも、「あなたの普通」とは違う「普通」があるのです。

エビフライのしっぽは…

エビフライでもエビ天でも、殻を剥かないでコロモをつけて揚げてあったらかなり嫌ですよね。でも、しっぽがついたまま揚げてあるのは別に嫌ではありません。それどころか、「その方が好ましい」という方も少なくありません。なぜなら、人間の歯は殻はかみ砕けないが、しっぽはかみ砕けるからです。とはいっても、かみ砕けるからと言って実際かみ砕くかどうかは人によります。

エビのしっぽを残すときに困るのはその置き場です。天丼とかだと、フタに置くという手があるのですが。天そばですと置き場がないもんでね。仕方なくそばの上にちんまりと置いたりもするのですが、そばを食べるにつれてぶくぶくと沈んでいったりして。というわけで……

「エビフライ、エビ天のしっぽを食べるか食べないか」

というのが今回の質問です。

あなたはエビフライ、エビ天のしっぽを食べますか？

Let's VOTE

（1）食べる

（2）食べない

（3）エビ本体も食べない

……あなたはどれ？

集計結果（総投票数163票）	
(1) 食べる	83票
(2) 食べない	78票
(3) エビ本体も食べない	2票

エビフライのしっぽを食べる派、食べない派は、ほぼ同数に分れました。

食べない派にも何通りかあり、その理由は……

・食べるという認識がまったくない
・食わず嫌い
・食べてみたらおいしくなかった
・食べてみたら喉に刺さった

一方の食べる派は……

・あんなおいしいものはない
・親にそう教えられて育った
・栄養が豊富で体によい

まあこれほどお互いが理解し合えないものとは思いませんでした。どうも地域差でもなさそうだし、世代差でもなさそうです。とにかくこの国にはエビフライのしっぽを食べる人と食べない人が半分ずつくらいいて、お互いに接点がないままに生きているのです。

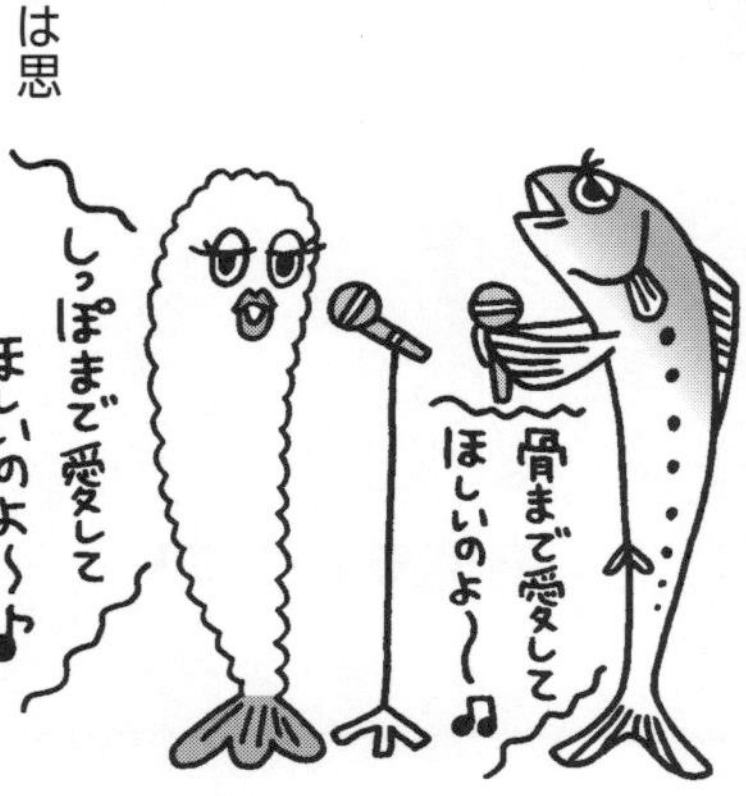
骨まで愛して
ほしいのよ～♫
しっぽまで愛して
ほしいのよ～♪

てなわけでかなり小差ではありますが、

日本の標準は、「エビフライのしっぽは食べる」

に決定いたしました。

鮭の皮は…

世の中には鮭の皮をこよなく愛する方がいらっしゃる一方、絶対食べないという方もいらっしゃいます。

というのも、鮭の皮というのが難しい立場に立たされているせいではないでしょうか。

まず、身と皮が分離しやすい。そして、皮自体が丈夫で、箸で切るのは大変である。てなわけで身と一緒に行動するというより、皮は皮で単独行動することがどうしても多くなるわけです。

つまり「なんかよくわからんけど食っちゃった」ってことはなくて、これはもう意識的に食べるか意識的に食べないかどっちかになるわけです。

そこで質問。

あなたは鮭の皮を食べますか？

Let's VOTE

(1) 食べる

(2) 食べない

……あなたはどっち？

集計結果（総投票数108票）

(1) 食べる ……………………………… 73票

(2) 食べない ……………………………… 35票

「鮭は唯一身より皮の方がうまい魚である」とまでおっしゃる人もいれば、「なんか油っぽいし……」という人もいる。

「鮭の皮を食べない方は人生をほんの少しだけムダにしている」とまでいう人もいれば、「ウロコの質感が噛むとビニールみたい」という人もいる。

「食べないなんて人間不信に陥りそうだ」と言う人もいれば、「ぬめぬめしてて気持ち悪い」という人もいる。

うーむ。ほんとに極端に分かれますね。

地方によって分かれているようでもなさそうだし、世代によって分かれているわけでもなさそうだし。これも前の問題（エビフライのしっぽ）と同様に、お互いのことがまったく理解できないようです。

●●●

てなわけで双方まったく歩み寄りはできませんでしたが、

日本の標準は、

「鮭の皮は食べる」

に決定いたしました。

寿司ネタNo.1は…

日本を代表する料理と言えば「寿司」でございます。世の中では回転する寿司と回転しない寿司では回転しない寿司のほうがエライ、ということになっているわけですが、考えてみれば不思議です。回転しない寿司は回転する寿司に比べて設備投資が少ないわけですから安くてもいいような気がするんですけど……（その分安い寿司ネタを使っているとしても。まあ、人件費の問題もありますが）。それにしても回転することはないじゃないですか。だいたい、あの動きは「回転」というより「循環」ですよ。回転というからには、皿の中心を軸にぐるぐる回っているか、せめて円軌道上を回って欲しいものです。

さて、回転寿司のコトはさておき、本題です。一応「にぎり」に限定しましょう。ちらし寿司、いなり寿司はちょっとおいといて。値段は気にしないという前提で、**お寿司のネタで一番好きなものは何ですか？**

（まずははまちとまぐろの差しの勝負から始めますが、それ以外のネタも、もちろん歓迎です）

Let's VOTE

(1) はまち

(2) まぐろ

（そのほか、選択肢は自由に追加してください）

……あなたは何？

集計結果（総投票数99票）

（1）はまち	14票	（13）イカ	2票
（2）まぐろ	**14票**	（14）あじ	2票
（3）ウニ	14票	（15）あわび	2票
（4）あなご	10票	（16）タコ	1票
（5）カンパチ	6票	（17）うなぎ	1票
（6）さば	5票	（18）みる貝	1票
（7）ひらめ	5票	（19）かつお	1票
（8）鯛	4票	（20）いわし	1票
（9）イクラ	4票	（21）つぶ貝	1票
（10）甘エビ	3票	（22）たまご	1票
（11）サーモン	3票	（23）ほたて	1票
（12）エビ	2票	（24）こはだ	1票

皆さんの寿司を愛する気持ちが強く伝わってくる結果でした。1つしか投票できないのがつらいという方も多かったのではないでしょうか。

セットで注文するとたいてい入ってくるイカとエビですが、意外と票が伸びません。やはりどちらかというと名脇役のイメージなんでしょうか。

さて、三強相譲らず、なんと結果は……

「はまちとまぐろとウニがまったくの同点」。

しかしながら「日本の標準」は1つに決めなければなりません。というわけで、こういう場合は議長投票です。議長は自分の好みで「まぐろ」に入れさせていただきます。

●●●

てなわけで3者同点の結果、議長の嗜好で……

日本の標準は、

「寿司ネタNo.1はまぐろ」

に決定いたしました。

カレーの配置は…

カレーの食べ方というのは難しいものです。ときどき配分を間違えて大量の白まんまだけが残ったりします。わずかに残ったカレーを頼りにご飯を食べるのは何とももの悲しいものです。かといってカレーだけが大量に残る、それはそれで嫌なものです。かようにカレーと米の割合というのは大事なのですが、これは量だけの問題ではありません。見た目の割合も忘れてはなりません。

カレーの盛り方には2通りの流儀があります。皿の一方にご飯を寄せて盛り、反対側に寄せてカレーをかける流儀。皿の中央にご飯を平らに盛り、その上にカレーをかける流儀。ご飯を寄せて盛った後、思いっきりかき混ぜて、寄せた意味を無くしてしまう人もいます。いや、しかし「ご飯を寄せる意味」とは何なのでしょう？白と茶色の色合いでしょうか。ここで質問です。

あなたはどのようにカレーを盛りますか？

Let's VOTE

（1）ご飯を寄せる

（2）ご飯は平ら

……あなたはどっち？

そういやあ○ンカレーの
あの女性《ひと》も
寄せてましたっけねえ…

森枝卓士さんの「カレーライスと日本人」（講談社現代新書）という本があります。

この本によるとカレーライスが現在のようなジャガイモ・ニンジン・タマネギが入った形になった最初のレシピは大正４年の西野みよし著『家庭実用献立と料理法』だそうですが、これには「皿に、向う側に御飯を盛りつけ、手前にカレーを盛る」とあります。このときすでに「寄せる」が登場しているわけですね（〝前後に〟というのは今ではあまり見かけませんが）。

が、さらに時代はさかのぼって明治５年、日本最初のカ

集計結果（総投票数65票）

(1) ご飯を寄せる	**41票**
(2) ご飯は平ら	24票

レーのレシピ仮名垣魯文著『西洋料理通』にはこう書いてあるそうです。

「炊きたる米を皿の四辺にぐるりと円く輪になる様もるべし」

日本のカレーの元祖は「寄せ」でも「平ら」でもなかったのです。「輪」なのでした。

はあ、……こんどやってみよう。

●●●

てなわけで由緒正しい日本のカレーの元祖とは違いますが、

日本の標準は、

「カレーライスのご飯は寄せて盛る」

に決定いたしました。

（そして今日もペース配分に失敗し、最後に白まんまが余るのです）

カレーライスの儀式は…

カレーライスを食べ始めようとするとき、スプーンをコップの水につける人がいます。もしくは、最初からコップにスプーンが入ってくる場合もあります。しかし、あれをやるとどういう効果があるんでしょうね。スプーンが冷たくなる……？

さて、あなたはカレーライスを食べるとき、スプーンをコップの水につけますか？

集計結果（総投票数121票）	
(1) つける	13票
(2) つけない	**108票**

一昔前の大衆食堂を考えてみましょう。箸以外で食べるメニューはカレーしかない。カレーのスプーンは特別扱いせざるを得ないわけです。もっとも、単純に「置く場所がなかったから、コップの水につけて出した」という気もします。水につけている人は、ご飯がスプーンにつかないので食べやすいのだそう。でも、今となっては滅びつつある文化って感じですね。

てなわけで、ほとんどの人が水につける意味がわからず、**日本の標準は、**

「カレーライスのスプーンはコップの水につけない」

に決定いたしました。

日本の標準①-6

カップラーメンを食べるまでの時間は…

カップラーメンが生まれてこの方、調理時間は3分が主流です。うどん系や豪華ラーメン系だと5分とかありますが、逆に短いものはほとんどない。一時期1分というのが出ましたがなぜかすたれました。たまには1時間ラーメンとかでませんかね。もちろんそれだけ時間をかけてものびない特殊麺を使用。じっくり時間をかけて煮込んでたっぷり味がしみ通るのです。でも、冷めちゃいますね。

しかし、世の人々はほんとに3分待って食べているのでしょうか？せっかちな人は2分くらいで食べるでしょうし、ずぼらな人はそもそも計ってないかもしれない。

てなわけで**3分モノのカップラーメンを食べ始めるのに、あなたはどのくらい待ってるでしょうか。**

（時計で計っていない人も多いと思いますが、「自分ではこのくらい待ってるつもり」でお答えください）

Let's VOTE

（1）２分より前
（2）約２分
（3）約２分半
（4）約３分
（5）３分過ぎてから
（6）わからない
（7）その他

……あなたはどれ？

集計結果（総投票数72票）

(1) 2分より前 …… 8票	(5) 3分過ぎてから…18票
(2) 約2分 ………… 5票	(6) わからない …… 4票
(3) 約2分半 …… 13票	(7) その他 ………… 5票
(4) 約3分 …… 19票	

そのものズバリ、「3分待って食べる」がトップでした。(当たり前過ぎる結果のような気もしますが……)

でもそれにしては「かろうじて勝った」という感じだなあ。3分より前に食べる人が野党連合を組むと逆転してしまうし。

「ふやけた方がおいしい」と遅めに食べる人、「コシがあるのが好き!」と早めに食べ出す人は普通にいます（それはコシがあるんじゃなくて芯があるんだ、という気もしますが、芯があるのはそれはそれで好きという人もいます)。

当然のごとく、「そんなもんいちいち計っちゃいねえ」という人もいれば「商品開発の方が設定した時間なのできっちり守る」という人もいます。

さすがに「お湯かけてすぐ、ぽりぽりしておいしい」という人はいませんでしたが（そういう人はベビースターラーメンを食うべし)、食べられる最短時間って何秒なんでしょうか。今度試してみよう。

●●●

てなわけで当たり前といえば当たり前ですが、

日本の標準は、

「カップラーメンは約3分待って食べる」

に決定いたしました。

真の賞味期限は…

大手スーパーがビールを大量に仕入れたら、冷夏になってしまい山のように余ったことがありました。そこで「頼むから買ってくれ」と広告を打ち、賞味期限切れビールを1缶100円で売ったそうです。

また、テーマパークが賞味期限切れの食材を使い、社会問題になったことがあります。

この賞味期限という期日、食品を提供する側にとっては大きな意味を持つわけですが、しかし、食べる側にしてみれば、ふだん賞味期限って気にせず食べてる方も多いんじゃないかと思います。

さて、食べ物といってもいろいろありますから、今回は「袋物のインスタントラーメン」を題材に取り上げましょう。

インスタントラーメンの腐ったのってのはあんまり見たことがないんで、そうそうおかしくなるものじゃないんだろうってのはわかるんですが。

あなたは賞味期限何日後までなら食べちゃいますか？

Let's VOTE

（1）期限前でも不可
（2）当日まで
（3）数日
（4）半月
（5）1か月
（6）半年
（7）1年
（8）無期限

……あなたはどれくらい？

うーん、いいのだろうかこの結果……。

半年たっても食べるというのはメーカー側の想定している余裕をはるかに越えている気がするのですが。

確かに賞味期限というのは「これを過ぎたら食べられなくなる」というものではないんですけど……。

実際に「食べた」という実績でいえば、今回答えを寄せてもらった中で「賞味期限を半年過ぎたものを食べた」というのはごく普通にありまして、最高は「2年」というツワモノもいました。

「期限を過ぎて食べたらま

集計結果（総投票数43票）

(1)	期限前でも不可	3票
(2)	当日まで	2票
(3)	数日	10票
(4)	半月	7票
(5)	1か月	4票
(6)	半年	13票
(7)	1年	4票
(8)	無期限	0票

ずかった」という声もありましたが、でも実際は、異状がなければわからないことも多いですよね。「賞味期限を確認せずに食べた」ケースがかなりあると思われますから。

●●●

てなわけで何一つ意見はまとまりませんでしたが、

日本の標準は、

「インスタントラーメンは賞味期限後〝半年まで〟ならOK」

に決定いたしました。

column

カップラーメンの賞味期限は意外と短い。

非常用バックに入れている人は、ときどき買い換えましょう！

カップラーメンは実のところ賞味期限後、どれくらいまで食べられるのでしょうか。某カップラーメンメーカーに問い合わせてみると……。「賞味期限が切れてから１か月以内であれば大丈夫。それ以上はオススメしません」とのコメント。日本の標準では「賞味期限後半年まで食べる」が標準であっても、メーカーにしてみれば、「半年も過ぎたものを食べるなんてとんでもない！」といった感じでしょう。

カップラーメンの麺は一度茹でたあと油で揚げているため、賞味期限（製造から５か月以上）を過ぎると油が酸化してお腹をこわす可能性もあるのだそうです。フタを開けてみて、ニオイや見た目の異状がなければ食べてもよいとのことですが、あとはあなたのチャレンジ精神しだい。賞味期限後に食しても責任はとれません。

ところが、とある食品メーカー勤務の人の話によれば、賞味期限として記載されている年月日は、店側へ「この日までに売ってください」と伝える期日なのだとか。確かにスーパーは、賞味期限が切れそうな食材をお買得ワゴンに入れたりします。半額シールを貼ったりもしますね。こうして賞味期限ギリギリのものを買う人もいるわけですから、賞味期限を多少過ぎても食べられる……と言う説も納得はできます。でもさすがに半年後に食べて平気かどうかは……？？？　やっぱり責任は持てません。

おにぎりの具は…

「毎日お弁当におにぎりを持って行くぞ」という方から、さすがにメニューもつきてきたので、「何かおすすめの具はないか？」ということでご質問をいただきました。

コンビニおにぎりとかも、以前では考えられないような具が増えているようです。「シーチキンのおにぎり」などというものは以前はありませんでしたが、今では当たり前のものになっています。その一方、昔ながらの「おかか・鮭」などももちろん根強い人気があります。

コンビニのおにぎりにどんなものがあるか調べている人がいまして、それによるとコンビニ６社で合わせて６１２種類あるそうです（さらに増えている可能性も）。重複するものを除いたとしても１００種類以上あることになります。まあ、これだけ一度にコンビニの棚に並んでいるわけではなく、不評につき発売中止になったものも含まれますが……。ここで質問です。

「おにぎりの具」と言えば、あなたのおすすめはなんですか？

Let's VOTE

（この問題は選択肢なしの自由回答です）

……あなたは何？

集計結果（総投票数132票）

(1) **うめぼし…… 28票**
(2) 鮭 ……………… 20票
(3) おかか ………… 8票
(4) なし …………… 8票
(5) 昆布 …………… 7票
(6) 梅干 …………… 6票
(7) 焼きたらこあるいは明太子 ……… 6票
(8) シーチキンマヨネーズ …… 5票
(9) 筋子 …………… 5票
(10) 明太子(のみ!) … 3票
(11) 明太子マヨネーズ ……………… 2票
(12) チーズ ………… 2票
(13) とり五目 ……… 2票
(14) 海苔の佃煮 …… 2票
(15) 和風ツナ ……… 2票
(16) ねぎ味噌 ……… 2票
(17) 梅干＆おかか … 2票
(18) 焼きたらこ(のみ!) ……………………1票
(19) ごまたらこマヨネーズ ……………………1票
(20) ちりめん昆布 … 1票
(21) 卵焼き ………… 1票
(22) 野沢菜 …………1票
(23) いくら ………… 1票
(24) 鰹節 …………… 1票
(25) 鯛めしおにぎり … 1票
(26) わかめごはん … 1票
(27) 赤飯 …………… 1票
(28) ゆかり ………… 1票
(29) 納豆 …………… 1票
(30) しぐれ ………… 1票
(31) しょうゆ ……… 1票
(32) キンピラゴボウ … 1票
(33) わかめちりめん … 1票
(34) 味噌(外側に) … 1票
(35) しゃけマヨネーズ ……………………1票
(36) 味噌茄子 ……… 1票
(37) エビ天 ………… 1票
(38) とびこ ………… 1票
(39) その他 ………… 1票

群雄割拠する中で、

「原点はこれです」

「ハズレがない」

「腐敗防止になる」

「あたりまえだろう」

ということで、やはり「うめぼし」を押す人がトップでした。


いや～、おにぎりの具っていろいろあるんですね。さてこれだけあれば、当分メニューが尽きることはなさそうですね。毎日変えても1か月は余裕でもちます。合うか合わないか、旨いか旨くないかは別として、たいていの食べ物は入れられるし、もともとご飯のおかずになるものだったら、そんなにむちゃくちゃ違和感があるってことはないですもんね。

ご飯のおかずとしてはごく当たり前のものなのに、おにぎりの具にならないものってなんだろう。例えば、麻婆豆腐。これは形状の問題か。ところで、「しょうゆ」って具なんでしょうか。

●●●

てなわけで1か月毎日食べても、毎回違うメニューが食べられるほど多種多様な具が登場しましたが、

日本の標準は、「おにぎりの具のおすすめは〝うめぼし〟」に決定いたしました。

年越しそばのタイミングは…

私の実家は0時過ぎてから食べていたものです。年越しそばでなくて「年越したそば」になっているわけで……これは絶対標準じゃないと思うのですが、一応選択肢に入れておきます。**あなたはいつ年越しそばを食べますか？**　年越しそばを食べない人も、「これが私の思うところの年越しそばである」というのをお答えください。

集計結果（総投票数337票）

（1）夕食前	6票
（2）夕食	116票
（3）夕食後	**166票**
（4）0時過ぎ	49票

日常生活の中で、夕食の後にそばを食べるというシチュエーションがそれほどあるだろうか、いやない。やはり大晦日から元旦というのは「ハレ」の場なのですね。夜遅くまでおきているからおなかも減るし。でも、よく考えれば食べすぎかも……!?

ということで夕食と一緒にしてしまう方も結構いますが、

日本の標準は、「年越しそばを食べるのは夕食後」に決定いたしました。

日本の標準 ①-10

すき焼きの具は…

すき焼きにタケノコを入れたことがありますか。

あまり一般的ではないと思いますが、柔らかく煮込むと結構合うんですよ。

では、角麩＝かくふ＝を入れたことは？

と言っても地域によっては角麩はご存じないかも知れませんね。

角麩というのは平たいちくわぶのようなもので、もっぱら中部地方の食べ物です。味がしみ込んでおいしいらしいですよ。といってもそのちくわぶ（おもに関東地方でよくおでんに入れる）をご存じない人もいるかもしれませんね……。

てなわけで家庭や地域によってもいろいろだと思いますが、**あなたにとってすき焼きの具といえばなんですか？**

Let's VOTE

（この問題は選択肢なしの自由回答です）

……あなたは何？

集計結果（総投票数142票）

(1)	**焼き豆腐**	**31票**
(2)	しらたき	21票
(3)	白菜	12票
(4)	長ネギ	7票
(5)	春菊	7票
(6)	うどん	7票
(7)	麩	6票
(8)	タマネギ	5票
(9)	えのき茸	5票
(10)	糸こんにゃく	5票
(11)	ちくわぶ	4票
(12)	シイタケ	4票
(13)	舞い茸	3票
(14)	生卵	3票
(15)	白ネギ	2票
(16)	くずきり	2票
(17)	下仁田ネギ	2票
(18)	ごぼう	1票
(19)	大根	1票
(20)	九条ネギ	1票
(21)	松茸	1票
(22)	メンマ	1票
(23)	しめじ	1票
(24)	菊菜	1票
(25)	春雨	1票
(26)	フランスパン	1票
(27)	すだれ麩	1票
(28)	もち	1票
(29)	角麩	1票
(30)	烏賊	1票
(31)	チーズ	1票
(32)	牛肉	1票
(33)	地鶏	1票

まーいろんな具があるものでございます。これだけ入れたら肉の入る場所がないぞ。

大根は乱切りにして下茹でしておくんだそうです。フランスパンは最後にうどんの代わりに入れるそうで。

フランスパンとかチーズというのは、今度やってみようとまでは思わないまでも「ああ、そういう人もいるかもな」と思ってしまうのがすき焼きの懐の深さでしょうか。なんでもかんでも濃いしょうゆ味になるといってしまえばそれまでなんですが、どんな具も日本人好みの味になる、ということですね。

●●●

てなわけで肝心の牛肉が入らないんじゃないかと思うほど多種多様な具がございますが、

日本の標準は、

「すき焼きの具といえば焼き豆腐」

に決定いたしました。

日本の標準 ①-11

おでんの具といえば…

おでんに欠かせない具は、ということで質問をいただきました。

この方のご家庭では奥さんは「大根」、お子さんは「スジ」、ご主人は「豆腐」と意見が分かれているそうです。

ここでいう「スジ」は関西でいうスジ、いわゆる牛スジです。関東でいう「スジ」は練り魚ですね。

さらにいえば、「さつま揚げ」のことを愛知の方では「はんぺん」といい、九州北部では「てんぷら」というそうです。

それはさておき、まあこのご一家はこういってますが、あなたにとってのおでんの具といえば……。

さて、選択肢なしからスタートしましょう。**あなたにとっておでんの具といえばなんですか？**

Let's VOTE

（この問題は選択肢なしの自由回答です）

……あなたは何？

集計結果（総投票数176票）

（1）	**大根**	**61票**
（2）	玉子	22票
（3）	こんにゃく	13票
（4）	ちくわぶ	10票
（5）	はんぺん(白)	10票
（6）	もち巾着	10票
（7）	牛すじ	6票
（8）	じゃがいも	6票
（9）	厚揚げ	5票
（10）	平天	4票
（11）	筋肉（すじにく）	4票
（12）	牛蒡巻き	3票
（13）	ちくわ	3票
（14）	がんもどき	3票
（15）	しばったコンブ	3票
（16）	豆腐	2票
（17）	つみれ	2票
（18）	ロールキャベツ	1票
（19）	モツ	1票
（20）	糸こんにゃく	1票
（21）	ばくだん	1票
（22）	にんじん	1票
（23）	こんにゃく・ボール・ちくわぶ	1票
（24）	ころ	1票
（25）	黒はんぺん	1票
（26）	あか棒	1票
（27）	ゴボウ巻き	0票

私、こんなに具の入ったおでんを食べたことありません。

今回はホントに我々は同じ地球に住んでいるのだろうかと思うことばかりでした。「ちくわぶってなんですか」という質問の多いこと。関西人の多くが知らないようです。前の問題（すき焼き）にも登場しましたが、まあ、ちくわの形をしたうどんと思ってくだされば結構です。

逆に、おでんに豆腐を入れるというのは関東人には理解できないのではないかと。

えーと。ちょっと待て。豆腐？

……あ、ホントだ。関西ではおでんに豆腐入れるんだ。なんか、関東のおでんと関西のおでんって名前が同じだけ、って気もしますね。これは人それぞれおでん感がだいぶ異なってくるのではないでしょうか。

●●●

てなわけで本当に多種多様な具が登場しましたが、

日本の標準は、

「おでんの具といえば大根」

に決定いたしました。

日本の標準 ①-12

味噌汁の具は…

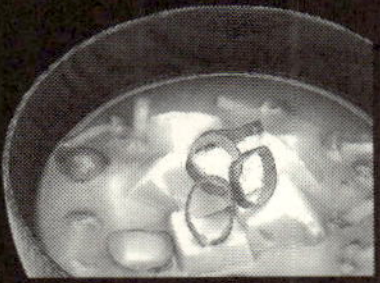

素うどん、プレーンオムレツがあるならば、「純味噌汁」というのがあってもよさそうな気がします。

具も何も入っていない。純粋に味噌汁だけ。

味噌の味を楽しむには純味噌汁。通は純味噌汁。

本当に熟成された味噌でないといい味が出ない純味噌汁。

うるさ型の店主も純味噌汁を頼むとぴしっと緊張が走る。

というものはいままで見たことがなく、たいていの味噌汁には具が入っています。

味噌汁の具といえば、何が多いですか？

「豆腐とわかめ」はだめです。どっちかにしてください。

うちでは味噌汁を作らないという方も、**味噌汁といえば何が思い浮かぶかを答えてください。**

Let's VOTE

（この問題は選択肢なしの自由回答です）

……あなたは何？

集計結果（総投票数152票）

（1）豆腐	**44票**	（14）高野豆腐	1票
（2）わかめ	39票	（15）鶏肉	1票
（3）大根	17票	（16）もやし	1票
（4）タマネギ	7票	（17）白菜	1票
（5）油揚げ	6票	（18）みょうが	1票
（6）じゃがいも	6票	（19）筍	1票
（7）しじみ	4票	（20）ゆば	1票
（8）あさり	4票	（21）たまご（卵）	1票
（9）ネギ	3票	（22）天麩羅	1票
（10）なめこ	3票	（23）そうめん	1票
（11）ふ	3票	（24）エノキ	1票
（12）菜葉	2票	（25）カボチャ	1票
（13）キャベツ	2票		

味噌汁の具が1種類ということも少ないので皆さんかなり迷ったようですが、豆腐とわかめの争いになりました。

わかめ派の意見としては

「共働き家庭には乾物は便利」

「赤味噌の味噌汁にはピッタリ」

一方、豆腐派は

「味噌汁の絵を描くときは豆腐が必須」

「飽きないし作るのが楽」

ということなんですが、やはりあまりに日常的なものということもあって、「なんとなく」という方も多かったようです。

豆腐に投票しながらも「でも、豆腐だけの味噌汁は許せません」という声も。

てなわけで基本中の基本という気もしますが、

●●●

日本の標準は、「味噌汁の具で一番多いのは豆腐」に決定いたしました。

シジミの処遇は…

ハマグリの味噌汁。

これでハマグリを残すのはよっぽどハマグリ嫌いの人でしょう。ハマグリはいかにも主役だぜ、といわんばかりにデンと構えてますから、これを食べないのは意味ないじゃん、ということです。

アサリの味噌汁。

ハマグリほど自己主張はしてません。それでもまあ普通アサリは残さないとは思いますが、時間がないときなんかは食べないかも知れない。

シジミの味噌汁。今回の問題はこれです。1円玉を拾うのに要するエネルギーは1円以上のコストがかかるという話があるのですが、シジミもそれに近いのかも知れません。どう考えてもシジミを食べることによって得られるエネルギーよりもシジミを食べることに要するエネルギーのほうが高そうです。ここで質問です。

あなたは味噌汁のシジミを食べますか？

Let's VOTE

（1）食べる

（2）食べない

（3）シジミの味噌汁自体を食べてない

……あなたはどれ？

　箸でとりづらいんだけど、それによって「難しいことができた!」という喜びも味わえる、味と達成感で二度お得、と言う回答がありますが、いやそうまでして達成感を味わおうとは……。
　太宰治の小説に、主人公が味噌汁のシジミをひとつひとつ食べているところをどこかの奥様に馬鹿にされる、という場面があるそうです（読んでないので知らないのですが）。それを読んで食べられなくなった方も少なからず。
　「あれはダシであって食べるものではない」という意見もありましたが、しかし、あ

集計結果（総投票数104票）

（1）食べる	**77票**
（2）食べない	20票
（3）シジミの味噌汁自体を食べてない	7票

れはダシだと思ってしまうと、何も具がないわけで……やっぱり食べるしかないんだよな。

食べるのにもいろんな流儀があると思います。身を貝から箸ではがして食べるとか、歯で身と貝を分離するとか。まあ、食べ方は問いませんが。

●●●

てなわけで食べることで逆にカロリーは消耗されることになるのですが、

日本の標準は、「味噌汁のシジミは食べる」に決定いたしました。

（ちなみに世の中には大シジミというのもちゃんといて、琉球大シジミなんかは10㎝あるそうです。これならちまちませずにすみますね。でも、達成感はないかもしれません）

納豆の食べ方は…

ご飯に納豆をかけますか？それとも「おかず」としてそのまま食べますか？、というか、むしろまったく食べない人の方が多いんじゃないかと予想するのですがどうでしょう。

和式旅館に泊まると、朝ご飯に納豆が出てきたりします。さらに海苔も出てきます。のみならず、生卵も出てきます。みなご飯にかけるものばかり……。ご飯を食う配分に妙に気をつかったりします。

さて、あなたは納豆をどのように食べますか？

集計結果（総投票数167票）

(1)	納豆は食べない	30票
(2)	**ご飯にかける**	**97票**
(3)	そのまま食べる	36票
(4)	調理して食べる	4票

意外と「そのまま食べる」が健闘しました。最近では関西地方でも納豆を食べる人が増え、地域差もなくなっているようですね。

…

てなわけで順当な結果ではありますが、

日本の標準は、

「納豆はご飯にかけて食べる」

に決定いたしました。

シチューの相手は…

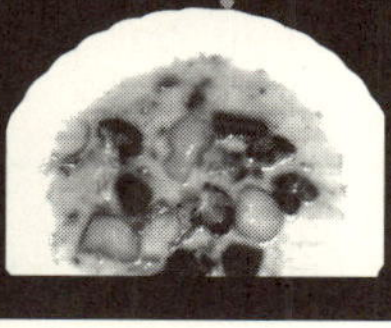

「シチューはご飯のおかずだ」という人と、「シチューはパンと一緒に食べるスープである」という人が出会いまして、お互いに驚いて「それはおかしい」という話になりました。

で、どちらが正しいか標準を決めてくれというのですが……。

どちらが正しいのかと言われてもねえ。シチューをご飯のおかずとして食べるとしても、ご飯にはかけずに、スープのようにして食べる人が多いんじゃないかと……。

これでは標準が決まりそうにありません。問題を単純にしましょう。テーマは白いクリームシチュー。

よくファミレスとかでセットを頼むと「ライスとパン、どちらになさいますか」って選ぶようになってますよね。

おうちでシチューを作るときでもいいですし、外で食べるときでもかまいません。

ホワイトシチューのお相手はご飯ですか、パンですか？

Let's VOTE

(1) ご飯
(2) どちらかというとご飯
(3) どちらともいえない
(4) どちらかというとパン
(5) パン

……あなたは何？

集計結果（総投票数65票）

(1) ご飯	18票
(2) どちらかというとご飯	16票
(3) どちらともいえない	18票
(4) どちらかというとパン	7票
(5) パン	6票

結果としてはご飯派が勝利したわけですが、そもそも日本人が食べるご飯とパンの比率を考えたら、この数字はむしろパンの健闘といっていいでしょうね。

ちなみにご飯とパン以外のお相手としてはパスタ、うどんという声が上がりました。昔の小学校の給食って、ミートソースにうどんがついてましたけど（この時点で十分変ですが）、シチューにうどんというのは食べた経験がないですね。でも、そんなに違和感はないような……。明太子や、マヨネーズ、比較的何にでも合ってしまううどんの許容量って、計り知れないものがありますね。

まぁ、うどんのコトはともかく……。シチューには、ご飯派が多いというわけですね。男性の場合は、パンじゃお腹がふくれないってことも、影響してそうですね。

●●●

てなわけでパンもかなり健闘してはおりますが、

日本の標準は、

「シチューはご飯のおかず」

に決定いたしました。

日本の標準 ①-16

海苔とご飯としょうゆは…

和式旅館の朝食といえば海苔ですね。あと、生卵というのが定番です。これは、卵かけご飯にするか、白いご飯に海苔を巻いて食べるか、さらには卵かけご飯を海苔で巻いて食べるか……。

まあ、生卵のことは忘れましょう。今回のテーマは海苔です。

ご飯に焼き海苔を巻いて食べるわけですが、このとき「しょうゆがついた方を内側にして巻くか、外側にして巻くか」という問題です。

まず、海苔の食べ方としてしょうゆをつけてご飯に巻いて食べるのが標準かという話はありますが、ま、そのくらいは無投票で標準と認めてもいいんじゃないかと思います。そりゃもちろんいますよ。しょうゆもつけずにそのままパリパリ食べる人。そういう人はさておき、**海苔をご飯に巻いて食べるとき、あなたは、しょうゆ面をどちら側にしますか？**

Let's VOTE

（1）しょうゆが内側
（2）しょうゆが外側
（3）両面
（4）しょうゆなし
（5）食べない

……あなたはどうする？

集計結果（総投票数185票）

(1) しょうゆが内側	**123票**
(2) しょうゆが外側	25票
(3) 両面	10票
(4) しょうゆなし	25票
(5) 食べない	2票

「ご飯にしょうゆ味がしみこむのがいい！」というわけで、内側につけるが多数派です。

外側につけるという方には「ご飯を巻いてから、しょうゆをつける」という人が目立ちました。なるほど。これでは内側にはつけられないですもんね。「しょうゆでつるつるになるとご飯が包みにくいので外側」、という声も。

海苔をしょうゆなしで食べる方が25人いるのには別に驚きませんが、海苔にしょうゆをつけて食べるのを今回初めて知ってびっくりしたという方が2人いたのには逆にびっくりしました。どうも味付海苔しかイメージにないようです。

しかし「焼き海苔」と「味付海苔」ってのも紛らわしい名前ですよね。焼き海苔に味がないわけでもないのに。味付海苔が焼いてないわけでもないのに……。

てなわけで今回はかなり大差をつけて、

●●●

日本の標準は、

「海苔でご飯を巻くときしょうゆは内側につける」

に決定いたしました。

目玉焼きの食べ方は…

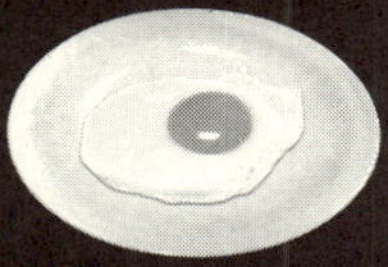

「彼女が訪ねてきて食事を作ってくれたのだが、目玉焼きに何をかけるかで喧嘩になってしまった」という方から質問をいただきました。

目玉焼きにはしょうゆをかけるものだと思ったのだが、彼女はソースだといい、お互いに「おかしい」と非難しあったそうです。

いったいだれが正しいのか……ということなんですが。そりゃ、もちろん、作ってくれる人が正しいのですよ。それが人生というものです。

でもまあ、うらやましい話じゃないですかねえ、彼女が部屋に訪ねてきてねえ、食事作ってくれてねえ、作った料理が目玉焼き……あまりうらやましくなくなりました。

それはさておき、目玉焼きっつーのがまた奥が深いものらしいです。日本で一般的なのは片面焼きですが両面焼きっつー流儀もありますし、黄身をいつ食べるかというのもこれまた議論が分かれるところです。

てなわけで、**あなたは目玉焼きに何をかけますか？**

Let's VOTE

（1）しょうゆ
（2）ケチャップ
（3）ウスターソース
（4）中濃ソース
（5）塩
（6）何もかけない
（7）その他
（8）目玉焼きが嫌いなのでパス

……あなたは何番？

集計結果（総投票数52票）

(1)	**しょうゆ**	**23票**
(2)	ケチャップ	2票
(3)	ウスターソース	3票
(4)	中濃ソース	0票
(5)	塩	14票
(6)	何もかけない	5票
(7)	その他	5票

奥が深いです目玉焼き。故伊丹十三監督もエッセイの中で目玉焼きの正しい食べ方はという議論に1章を費やしていますし、かの「美味しんぼ」でも目玉焼きの焼き方を巡る激論を戦わせております。

一応しょうゆがトップになったんですけど、よくよく聞いてみると「焼くときに塩胡椒し、食べるときにしょうゆをかける」という方が多く、まあ互角の戦いですかね。逆をやる人はいませんでしたが。

少数派ではタバスコソースという人がいました。言われてみれば合わないことはなさそうですね。

故伊丹十三監督の本には「半熟の黄身を破ってソースにして食う」という手法が記されていましたが、今回の投票者の中にはいませんでした。

てなわけで実にさまざまな種類のモノをかけているようですが、

…

日本の標準は、

「目玉焼きにはしょうゆをかける」

に決定いたしました。

スパゲッティとスプーンは…

スパゲッティを注文すると、フォークのほかにスプーンがついてきます。

この習慣、日本ではそんなに古い習慣ではないと思います。というより、20数年前まではスパゲッティといったらほとんどミートソースとナポリタンしかありませんでしたが。

『@グルメぴあ』によりますと、「スプーンを使うのは北イタリア風」という説があるのだそうな。つまりイタリアでは、スプーンを使うのは田舎者扱いなんだとか。しかし何を田舎者とし、何を洗練されているとするのかもいいかげんな話であります。スパゲッティにスプーンを使うのは、「アメリカ経由の風習である」という説もあります。しかし由来はともあれ、これだけ定着したというのは、それなりに合理的なんでしょうね。

それでは、あなたはスパゲッティを食べるとき、スプーンを使いますか？（スープスパゲッティは別として）

Let's VOTE

（1）使う

（2）使わない

……あなたはどっち？

集計結果（総投票数197票）

(1) 使う ………………………………………… 72票

(2) 使わない ……………………………… 125票

スプーンの上でフォークをキコキコ、やはりこの音に抵抗があるという方、多いですね。まあガラスをひっかくよりマシにしても。

スパゲッティを食べ始めた当初はフォークだけでスプーンは使わず、そのうちに、スプーンを使うのが標準になった気がします。そして今は使わない……が多数。

マナーに関することで、これだけ短期間に標準が変わってまた元に戻るというケースは珍しいんじゃないでしょうか。

レストラン側の立場に立つとどうでしょう。４割の人が使うんだったらそりゃもう間違いなく、「とりあえず出しとけ」になるんじゃないでしょうか（たぶん2割でもそうすると思います）。

「イタリアではスプーンなんか使わない！　だから使わない！」とおっしゃる方がかなり多かったのですが。そういえばイタリアでは、シェアするのもマナー違反とか？　スプーンは使わなくても、シェアする人は結構いたりするんですよね。

●●●

てなわけで6対４の割合で、

日本の標準は、

「スパゲッティを食べるときにスプーンは使わない」

に決定いたしました。

ライスとフォークは…

レストランで、ライスを「ナイフとフォーク」で食べるときのことを考えてください。

ライスをナイフに乗せて口に運ぶという人はこの際対象外。

フォークで口に運ぶとき、どのように運びますか？

利き手と逆の手でフォークを持ち、凸面（フォークの背ですね）に乗せるというのは伝統的な持ち方です。しかし、やってみるとすぐわかるように一番不自然な食べ方です。なぜこのやり方が伝統になったのかちょっと不思議です。

たぶん、最初にこの食べ方を考えたのは明治の人なんでしょうが、彼らにとっては向きがどうのというより、すでにナイフとフォークを使うことがやりにくかったはずです。ですからどういう向きにしてもあまり関係なかったのかもしれません。

さて、レストランで皿に盛ったライスが出てきます。**ナイフとフォークしかないとします。あなたはライスをどうやって食べますか？**

Let's VOTE

(1) フォークを利き手に持ち、凸面に乗せる
(2) フォークを利き手に持ち、凹面に乗せる
(3) フォークを利き手と逆の手に持ち、凸面に乗せる
(4) フォークを利き手と逆の手に持ち、凹面に乗せる
(5) 箸を頼む
(6) その他

……あなたはどうする？

「フォークを利き手と逆の手に持ち、凸面に乗せる人が彼だったら百年の恋も冷めます」なんて……あーた、フォークの持ち方くらいで何もそんな人格まで否定せんでも。でもマナーってそんなもんなんでしょうね。

ですが、この3番の方法もやってみればそんなに難しくないんだという意見も少なからず見受けられます。

どうもあちこちに矛盾をはらんだ問題ですね。

とにかく昔、フォークの背に乗せるのが正しいといった人がいて、近年になってそれは間違いだというのを広めた

集計結果（総投票数134票）

（1）フォークを利き手に持ち、凸面に乗せる ……	4票
（2）フォークを利き手に持ち、凹面に乗せる ……	**71票**
（3）フォークを利き手と逆の手に持ち、凸面に乗せる ……	26票
（4）フォークを利き手と逆の手に持ち、凹面に乗せる ……	22票
（5）箸を頼む ……	7票
（6）その他 ……	4票

人がいるようです。でも、それが誰かはわかりません。西洋で米をそんなに食べるわけじゃなし。何を基準に「正しい」「間違い」と言えばいいのかわかりませんが……。

●●●

てなわけで正式なマナーかどうかはさておき、

日本の標準は、

「ライスを食べるときはフォークを利き手に持ち凹面に乗せる」

に決定いたしました。

（たぶん一番合理的かつ欧米流なのはスプーンを使うことなのでしょうが、わざわざスプーンを頼むなら箸を頼むでしょうね）

日本の標準-①

お菓子編

Japanese Standard-① Food

Confectionery

和菓子が好きか、洋菓子が好きかという問題もありますが、あまりに大きすぎる問題なので、結果が出てもたいした驚きはありませんね。でも、お菓子を箸で食べるかどうかと聞かれたら？　うーん……これはちょっと考え込んでしまいます。自分が思っているお菓子の食べ方は、はたして本当にこの流儀で合っているのだろうか？　ちょっと不安になったあなた、さっそく桜餅の葉を食べる・食べないから「日本の標準」を見ていきましょう。

日本の標準 ①-20

桜餅の葉は…

江戸にやってきた侍が桜餅を食べていました。見ると皮をむかずに食べているので、それは〝かわをむいて〟食べるものだと教えてやると、侍は葉っぱをつけたまま隅田川のほうを向いて食べ始めました。

という小話がありますが、よく考えたらこの小話ちょっと変だぞ。「桜餅の皮」と言ったら、「饅頭の皮」とか、「どら焼きの皮」とか、本当はあんこを包んでいる餅の部分のはずだけど。あれはさすがにむかないでしょう。

まあ、桜餅を巻いている葉っぱのことをいいたかったんでしょうけどね。それにしてもこれが「むいて食べる」ものかというと、うーん、どうでしょう。

あなたは桜餅を食べるとき、葉っぱを食べますか？

（まず10秒間、自分が柏餅と勘違いしていないか冷静に考えた上でお答えください）

Let's VOTE

（1）食べる

（2）食べない

……あなたはどっち？

平安貴族は葉を食べなかったそうです。鎌倉時代になって武士が台頭してくると、食べることが当たり前になったそうです。というコメントがありましたが……ほんと!?まあ、「食べられるものは食べる」ってのは正しい態度でしょう。もちろん塩味がおいしいと、好んで食べる人もいます。

この投票を読んだ「食べない」派の方で、「葉っぱが取れなかったこともあり、仕方なく一緒に食べてみたがやっぱりだめでした」という方もいらっしゃいましたから、どうしても食べられない人もいるんですけどね。

よく考えると、なんで「食べる人」と「食べない人」と両方いるのか不思議な気もします。

1つには、柏餅の葉がどうあがいても食べられないからじゃないでしょうか。おそらく柏餅から入ると、「餅を包む葉っぱ→食べられないもの」という意識ができあがり、桜餅の葉を見てもこれは残すものだということになるのでは。

とはいえ、私まだ柏餅の葉を食べようとトライしたことはありません。あれが食べられないというのは先入観であり、実は食べてみるとサクサクとしておいしいのではないだろうか……?

てなわけで一応食べられるものなので、

日本の標準は、「桜餅の葉は食べる」に決定いたしました。

集計結果（総投票数79票）

(1) 食べる	53票
(2) 食べない	26票

あんこの王は…

何百年も前から問われ続けている問題です。

「こしあんとつぶあんではどちらが正統派か?」

質問を寄せてくれた方の会社では、3時のおやつに和菓子が出ると決まって「こしあん」か「つぶあん」かでもめるそうです。それぞれに熱い支持者がいるようで。

私は子供のころ、なぜかつぶあんのほうに高級感を持っていました(一般的な感覚とは逆かも知れませんが……)。当時はあんパンにしても饅頭にしてもほとんどがこしあんでした。初めてつぶあんを見たときは、妙に立派に見えたものです。いまから思えば、それはたいていはつぶあん入りのほうが大きかったからなのですが……。

もちろん何の中に入っているかというのは重要なポイントではありますが、それは今回はおいといて、あんこ自身の問題として。

あなたは「こしあん」・「つぶあん」どちらが好きですか?

Let's VOTE

(1) こしあん

(2) つぶあん

……あなたはどっち?

集計結果（総投票数134票）

(1) こしあん	57票
(2) つぶあん	**77票**

さすがにいい勝負になっています。

こしあんを支持する人が「つぶあんはあのプチプチ感が苦手でねえ」という一方で、「粒の感触がいいんだよ」とつぶあん支持者が返します。

「こしあんのほうが作るのにずっと手がかかるからこしあんのほうがいいんだよ」とこしあん派が言えば、「手のかけすぎは好きじゃない」とつぶあん派が応える。

「つぶあんは小豆の皮が嫌いだから」と言えば、「こしあんはねっちょりとしすぎている」と返す。

「歯にはさまる物は嫌いだ」といえば、……まあ歯にはさまるのが好きという方はいませんでしたが。

これ、あんこ好きの方には難しい問題ですねー。どちらかを選べといわれると身の裂かれる思いだというのも無理はありません。もちろん考えただけでも胸焼けがして棄権してしまったあんこ嫌いもいっぱいいるわけですが。

「関西から西はつぶあん派、東はこしあん派と決まっておる」という説も流れましたが、全くのガセネタのようです。地域差は全然ないみたい。

●●●

てなわけでかなりいい勝負ではありますが、

日本の標準は、「こしあんとつぶあんでは〝つぶあん〟のほうが好き」に決定いたしました。

だんごの個数は…

だんご3兄弟という歌をご記憶でしょうか。

この歌のヒットに合わせて、全国で爆発的にだんごが売れました。おそらくこれほどだんごが売れるときは二度と来ないでしょう。

このとき、だんご屋さんは歌詞に合わせるため、もともと1串4個のものを3個にした店もあったようです。

とはいえ、もともと4個というのも特に決まりはないような。いえ、JASを全部調べたわけではないのでわかりませんが。

この歌のヒットまでは3個構成のだんごというのはいろはがるたの「花よりだんご」とかですね、絵の中でしかお目にかかれないものでした。いうなればバーチャルだんごでした。ですが、この歌がごく自然に受け入れられたことでもわかるように「だんごは3個」というイメージも確かに存在するのです。

実際のだんごはともかくとして、

さて、あなたがイメージするだんごは1串に何個ささってますか？

Let's VOTE

（1）3個

（2）4個

（3）その他

……あなたは何個？

　みたらしだんごは4個が主流ですが、ごまやあんこをつけただんごを1串にセットにしたものは3個が多い、というわけで、どちらを先にイメージするかということになりますね。もっともみたらしはもともとは5個だったらしいですが。
「3個はどうもだんごがでかくて食いにくいぞ」という声がちらほらと。
　そうなんだ、別に3個だからといって大きくしたり5個だからといって小さくしたりしなくても串の長さを変えればすむことじゃないかと思っても、串の長さって変わらな

集計結果（総投票数44票）		
(1) 3個		9票
(2) 4個		**30票**
(3) その他		5票

いんですよね。なぜだか。

「一番下のだんごは食いにくいじゃないか」と思っても、刺し込む深さって変わらないんですよね……。げに伝統の力はあなどり難し。

●●●

てなわけで「最後の1個が食べづらい」という意見もありましたが、

日本の標準は、

「だんごは1串あたり4個」

に決定いたしました。

（ちなみに、最少では串あたり「1個」というだんごを見たことがあります。

それは、串と言うよりほとんど「楊枝」でしたが）

column

江戸庶民のスナックだんご

お寺の門番発案の『桜餅』伝統和菓子にはこんな歴史が！

某老舗和菓子店のアンケートによれば、７割の人が「桜餅の葉」を食べるのだそう。食べない派の理由には、「青臭い」「塩味がきつい」、さらには「葉をのぞいてほのかな香りと塩味を楽しむのが風流だ」という声もあったそうです。ところで桜餅には２種類あって、ひとつは餅米を使った関西風の「道明寺」。これは粘度があって表面がベタベタ。葉をはがすのは困難……ということで、食べるのは当たり前？　もうひとつは薄い餅であんをくるみ、桜の葉でつつんだ関東風の「長命寺」。これは桜の葉の掃除に悩まされた寺の門番が、何か利用できないものかと試しにしょうゆ漬けにして売ったのが始まり。でも評判がいまいちだったので、今度は塩漬けにしてあんをくるんだ餅を包んで「桜餅」にしたところ、花見客に大ウケ。江戸名物になったとか。

さて、串だんごの数というのもよく議論の的になるようです。しょうゆの甘だれをかけた御手洗(みたらし)だんごは、その昔京都の下鴨神社の御手洗祭りで売られたことでこの名前がついたそうですが、このときの串に刺さっていただんごの数は５個。江戸でもこのだんごを最初は１個１文（１銭）＝１串５銭で販売していたのですが、江戸後期に４文銭（４文硬貨）ができたことで、面倒くさがり屋の江戸っ子が勘定をしやすくするためにだんごの数を４個に変えたという話が残っています。江戸庶民のスナックだっただんごですから、食べ方は自由で結構。でも、横からかぶりついて歯でしごくようにして串から抜く……というのが一般的らしいです。

アイスクリームのフタの扱いは…

もったいないものというのがあります。

みたらしだんごのたれ。安倍川餅のきなこ。お好み焼きのソース。などなど、本体を食べ終わっても残っている食べ物たちです。

もったいないとはいえ、みたらしだんごのたれはだんごのわりにたれの占める量が一般的に多いので、あれをなめきるには結構根性がいります。

安倍川餅のきなこもしかり。たとえ少量であっても、きなこだけ単独で食べるのはなかなか勇気がいります。

それに比べると量的にも質的にも手頃なのがカップ入りアイスクリームのフタの裏についたアイスです。

一応1人のとき、または家族と一緒でも子どもが見てないときに限定しましょう。

ラクトアイスでもアイスミルクでもよござんす。バニラ味でもチョコレート味でもかまいません。さて、**あなたはアイスクリームのフタをどうしてますか？**

Let's VOTE

（1）スプーンでこそぎ落とす
（2）なめる
（3）こそぎ落とした後なめる
（4）捨てる
（そのほか、選択肢は自由に追加してください）

……あなたはどれ？

集計結果（総投票数115票）

(1) スプーンでこそぎ落とす	**59票**
(2) なめる	20票
(3) こそぎ落とした後なめる	16票
(4) 捨てる	14票
(5) 動物のえさ	6票

「フタの部分こそが味が濃縮しておいしいのだ」「アイスとフタの紙の味がミックスした絶妙な味」という人から、「いや別にうまいとは全然思わないんだけど」という人まで、理由はともかく何らかの形で食べる人が大半です。

子どものころ、こそぎ落とすのは行儀が悪いとしかられた人も多いようですが、なめるのは行儀が悪いのでこそぎ落とすのに変えた人もいて、どこで妥協するかは家庭次第です。

紙を食べる友人というのがいて、その人はフタはおろかケースごと食べていたという報告もありますが……、聞かなかったことにしましょう。

●●●

てなわけでやはりそのままにしておいてはもったいないようで、

日本の標準は、

「アイスクリームのフタはスプーンでこそぎ落とす」

に決定いたしました。

円筒形菓子の名称は…

「たこ焼き」があります。これは中にタコが入っているから（まあ、たまにはハズレがありますけど）たこ焼きというのですね。「鯛焼き」があります。これは中に鯛が入っている……というわけではありません。中に入っているのはあんこです。幼い頃はこういった日本語のもつ不条理さに苦悶したものです。

ところが、もっと不条理な菓子があります。鯛焼きと構成は似ていて、外はころもで中はあんこで鉄板で焼いて作るのですが、鯛の形ではなくて円筒形。不条理というのは、どうもこの菓子、特定の名称がないようなのです。「今川焼き」という名前が比較的知名度が高いようですが、「御座候」という名称で売ってるところもありますし、「回転焼き」という名前でも売ってます。というわけで、**あなたはこの菓子を、なんと呼びますか？**

Let's VOTE

（この問題は選択肢なしの自由回答です）

……あなたは何？

集計結果（総投票数128票）

（1）大判焼き …44票	（8）おやき ………1票
（2）今川焼き ……39票	（9）二重焼 ………1票
（3）回転焼き ……25票	（10）ほてい焼き …1票
（4）御座候（ござそうろう）………………6票	（11）黄金饅頭 ……1票
（5）太鼓饅 ………3票	（12）人工衛星饅頭 1票
（6）太鼓焼き ……2票	（13）ふうまん ……1票
（7）自慢焼き ……2票	（14）うまい棒 ……1票

まず最初に、いくら円筒とはいえ14番の「うまい棒」というのは絶対に違うと思う。

さて、地域も書き添えてあった回答から、3強についての分布図を作るとこうなります。

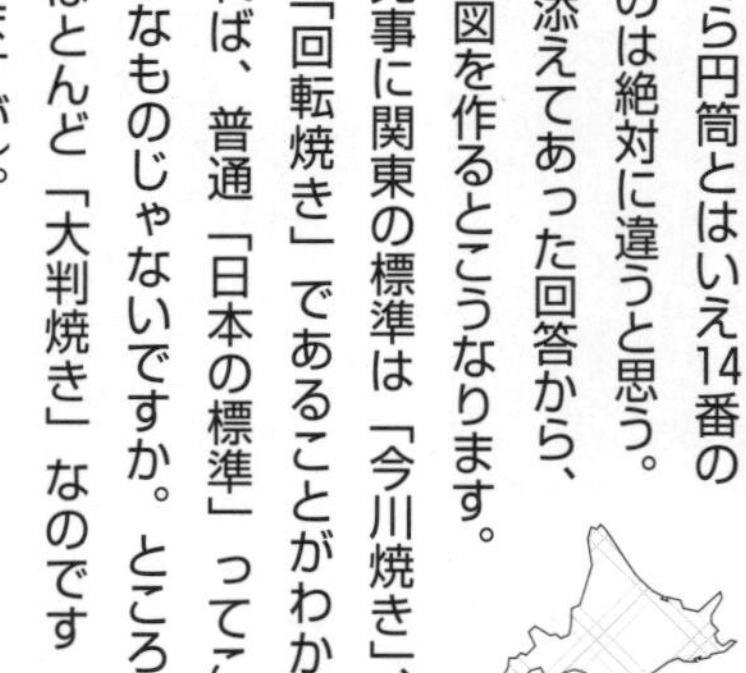

ご覧のとおり、見事に関東の標準は「今川焼き」、関西・九州の標準は「回転焼き」であることがわかります。関東・関西が定まれば、普通「日本の標準」ってこの2つのどちらかになりそうなものじゃないですか。ところが、関東・関西以外の地域はほとんど「大判焼き」なのです（広島の二重焼など、例外はありますが）。

つまり、この名称に関しては完全に関東・関西がローカルなのです。実は大判焼きって、日本の中央集権体質を批判した食べ物だったのですね。

てなわけで関東・関西の人は意外かもしれませんが、

●●●

日本の標準は、「円筒形菓子の名称は大判焼き」に決定いたしました。

天津甘栗の売れ行きは…

駅によく「天津甘栗」を売っているおじさんがいます。

結構あちこちの駅で売っているのを見かけます。子供の頃、ときどき親が買ってきてくれました。普通、家で栗を茹でると皮と実が離れようとしないのでスプーンで無理矢理ほじくり出すことになるのですが、天津甘栗はうまく分離するのですよね。

近所の駅でもよく売っています。これって昔から変わらないな、と思っていてふと気づきました。

そういえば自分で天津甘栗を買ったことがないのです。天津甘栗屋さんの前に行列ができたのも見たことがありません。しかし、商売が成り立っているわけですからそれなりには売れているはずです。買ってないので、今1袋いくらするのか知りませんが、1万円するわけはありませんからそれなりに固定客がいるはずです。

てなわけで、**あなたはどのくらいの頻度で天津甘栗を買いますか？**

Let's VOTE

（1）毎日買う
（2）週に1回は買う
（3）月に1回くらいは買うかも知れない
（4）年に1回くらいなら買うかも
（5）ここ何年か買った覚えがない
（6）買ったことがない
（7）天津甘栗なんて見たことがない

……あなたはどれ？

集計結果（総投票数61票）	
(1) 毎日買う	0票
(2) 週に1回は買う	0票
(3) 月に1回くらいは買うかも知れない	8票
(5) ここ何年か買った覚えがない	**19票**
(4) 年に1回くらいなら買うかも	17票
(6) 買ったことがない	17票
(7) 天津甘栗なんて見たことがない	0票

「あれは買うものではなくて、人からもらうものだ」といい切った方が何人かいらっしゃいます。「定期的に食べたくなるんです」という人が「たまには自分で買えよ!!」というのもごもっとも。

会社に売りに来るとか、会社で斡旋販売しているという方もちらほらいますね。

まあ、例えば5番に投票した人が5年に1回は買うとします。19票ですから年平均では3．8回。これに1年1回の17票と、月1回の8票×12ヶ月を足すと、116．8回。総投票数が62票ですから1人あたり平均年に1．88回買う計算になるのです。

ということは、日本の人口が1億2千万人として年に2億2560万袋売れると言うことです。1日平均全国で61万袋。ホントかなあ。

●●●

てなわけで計算上では1日平均全国で61万袋も売れている天津甘栗ですが、

日本の標準は、

「天津甘栗はここ数年買ったことがない」

に決定いたしました。

日本の標準 ①-26

スナック菓子と箸は…

私は今大変迷っております。

この質問を世に問うことに意味がはたしてあるのだろうか。結果は見えている気がします。どのくらいの差になるのだろうという興味はありますが、ほかにもいろいろ均衡しそうな質問は来ているのです。

それでもあえてとりあげるのは、私自身の常識がゆらぎそうになったからです。「私が今まで常識と思っていたものは、ほんとに常識なんだろうか？」と、この本の原点に返る問いかけをされている気がするのです。

お便りの内容はこうです。

「私や周りの人間はスナック菓子を食べるときに箸を使う。手が汚れるとコンピュータのキーボードが汚れるからである。ところが先日、箸を使うのは我々の周囲の、しかもコンピュータをふだん使う人だけではないかと指摘を受けた。どうなのだろうか？」

では質問します。

あなたはスナック菓子を食べるときに箸を使いますか？

Let's VOTE

(1) 箸を使う

(2) 箸を使わない

……あなたはどっち？

この結果を皆さんはどうご覧になるでしょうか。

一見箸を使わない派の圧勝にも見えますが、箸を使う派が予想外の高率だったともいえます。

箸を使わない人の中にも、自分では使わないけど1つのアイデアかも知れないという人と、食べにくそうという人と、それは間違っていると否定する人がいます。

否定する人はかなりきっぱりと否定してますが、これって実は否定する理由を見つけることがかなり難しくて、衛生面から言ったら箸を使うほうが良いだろうし、行儀とい

集計結果（総投票数128票）	
（1）箸を使う	18票
（2）箸を使わない	**110票**

う面では手づかみのほうが行儀良いとするのも変だし、否定するとしたら頭っから否定するしかないんですね。

しかし、7分の1の人間がやっていることを非常識とは呼べないでしょう。

●●●

てなわけで、

日本の標準は、

「スナック菓子を食べるとき箸は使わない」

に決定いたしました。

（しかし、意外にも箸を使っている人も結構いるという事実も判明いたしました）

ケーキといえば…

ウエディングケーキや、バースデーケーキではなく、チーズケーキやティラミスといったショーケースに並ぶケーキの種類でお答えください。

ケーキといえば、どんなケーキを思い浮かべますか？

集計結果（総投票数136票）

(1)	**いちごのショートケーキ**	**111票**
(2)	レアチーズケーキ	4票
(3)	チョコレートケーキ	6票
(4)	モンモンモンブラン	2票
(5)	ベイクドチーズケーキ	3票
(6)	モンブラン	2票
(7)	シュークリーム	1票
(8)	クリスマスケーキ	2票
(9)	フルーツタルト	1票
(10)	シブースト	1票
(11)	ホットケーキ	1票
(12)	ミルフィーユ	1票
(13)	シェリンフラム	1票

さてケーキの好みは多様化しているはずなんですが、ケーキの象徴はまったく揺らぎませんね。これはもうほんとに標準というより「基準」といっていいかも知れません。

●●●

てなわけで圧倒的な人気で、

日本の標準は、

「ケーキといえばいちごショート」

に決定いたしました。

あんパンの友は…

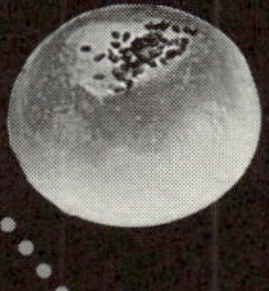

「あんパン」は明治7年に銀座木村屋が初めて発売して以来、日本の標準菓子パンとなっております。西洋のものであるパンに日本伝統の〝あん〟を入れた、まさに和洋折衷の鏡といえるでしょう。

さて、日本古来の菓子である饅頭や大福を食べるときにはどうしても日本茶が欲しくなります。一方、ケーキやドーナツを食べるときにはやはり洋物のコーヒーや紅茶がつきものです。

では、その合体技である「あんパン」を食べるときにはどうでしょうか。果たして、あんパンに合う飲み物とは？

今回は結果がどうなるのか予想もつきません。さて、

あなたにとって、あんパンとのベストマッチングな飲み物はなんですか？

Let's VOTE

（1）日本茶
（2）紅茶
（3）果汁
（4）炭酸
（5）牛乳
（6）コーヒー
（7）あんパンが嫌い
（8）その他

……あなたは何番？

なぜか迷いなく牛乳を選んだ方がほとんどでした。
あんパンと牛乳、どうも強い結びつきができているようです。なにやら信仰に近いものすら感じます。
不思議なのはあんパンをあまり食べない、牛乳をあまり飲まないという方でも、あんパンと牛乳はイメージとしてつながっている……ということです。
私の知らないところで社会的影響力の大きい何かがあんパンと牛乳を結びつけているのでしょうか。全国の学校給食があんパンと牛乳だったとか。ドラえもんがあんパンと

集計結果（総投票数100票）		
(1)	日本茶	17票
(2)	紅茶	4票
(3)	果汁	0票
(4)	炭酸	0票
(5)	**牛乳**	**63票**
(6)	コーヒー	4票
(7)	あんパンが嫌い	5票
(8)	その他	7票

牛乳を食べていたとか。

あんパンと牛乳が合うのであれば、同じ原理で「チーズと羊羹をいっしょに食べても美味い」という意見がありますが、それはちょっと試す気になれません。

●●●

てなわけで圧倒的多数の方の支持を受けて、

日本の標準は、

「あんパンに合う飲み物は牛乳」

に決定いたしました。

日本の標準-①

その他の食べ物編

Japanese Standard-① Food

the others

みかんジュースを作るとき、工場でどのように皮を剥くのか知っていますか？　1つ1つ手で剥くやり方。剥かないで皮ごとつぶすやり方。もう1つ、針を刺して果汁を吸い取る方法というのもあるそうです。みかんの皮の剥き方1つをとっても、いろんなやり方があるんですね。もちろん、ふだんの食事やお菓子以外の地味〜な食べ物にも、ひっそりと「日本の標準」は隠れているのです。

みかんの食べ方は…

てなわけで日本の標準は、「果物といえばみかん」に決定いたしました。と投票もしないで決めてしまいましたが、そんなに大ハズレではないと思いますよ。バナナもいい線行っているとは思いますが。

みかんとバナナが他の果物に比べて圧倒的に有利なところといえば、なんといっても手で剥けてナイフがいらず、かつ手がべちょべちょにならないところです。ところが、剥いた後がちょっと違います。

バナナはそのまま単刀直入に中身。迷う余地なし。しかしみかんは深遠なる階層構造に入っていきます。

中に小袋がある。この小袋は1つ1つ食べるのか？　袋はあとで取り出すのか？　袋には筋があるけど、こいつは取るのか？

てなわけで、果物界の日本の標準のわりには「標準の食べ方」というのは決まっていなさそうです。

みなさんは、みかんをどんなふうに食べていますか？

Let's VOTE

(1) 筋を取り、小袋を１つ１つ口に含み、袋は取り出す
(2) 筋はそのまま、小袋を１つ１つ口に含み、袋は取り出す
(3) 筋を取り、小袋を１つ１つそのまま食べる
(4) 筋はそのまま、小袋を１つ１つそのまま食べる
(5) 筋を取り、小袋をいくつかまとめて食べる
(6) 筋はそのまま、小袋をいくつかまとめて食べる
(7) その他

……あなたは何番？

みかんの食べ方の作法を習ったことがあるという人がいました。

それによれば、

・皮を剥く。このときに最後の部分の皮と実ははがさない。

・小袋を1つ内からつまんで外にそっと持ち上げる。すると自然に筋が取れる。

・小袋を横向きに口に入れ、袋だけ引っ張り出す。

……だそうな。

しかし、この「袋は取り出す」という食べ方もめっきり減ったようです。

一方、筋を取る取らないは意見が割れています。

集計結果（総投票数78票）

(1)	筋を取り、小袋を１つ１つ口に含み、袋は取り出す	2票
(2)	筋はそのまま、小袋を１つ１つ口に含み、袋は取り出す	0票
(3)	筋を取り、小袋を１つ１つそのまま食べる	14票
(4)	筋はそのまま、小袋を１つ１つそのまま食べる	16票
(5)	筋を取り、小袋をいくつかまとめて食べる	12票
(6)	**筋はそのまま、小袋をいくつかまとめて食べる**	**29票**
(7)	その他	5票

筋は体にいい、という意見が多々見受けられるのですが、筋を気にする人は結構います。筋を気にする人にとっては「体にいい悪い、なんてそんなこと関係なしに筋はイヤ！」ということでしょうか。

●●●

てなわけで正しい作法が何かは分かりませんが、

日本の標準は、

「みかんは筋はそのまま、小袋をいくつかまとめて食べる」

に決定いたしました。

（なお、「何通りもの食べ方を網羅しなければ日本人として失格だ」という意見があったことをつけ加えておきましょう）

コーンの始末は…

幼い頃この問題に直面しまして。アイスはコーンに乗ってるだけですから、最後はコーンだけになって味気ない。でも捨てるのももったいない。そこでアイスクリームを舌で押し込みながら食べるという技を使いました。さて、**あなたはアイスクリームのコーン部分を最後まで食べますか？**

集計結果（総投票数155票）

(1) 全部食べる	**145票**
(2) 全部は食べない	10票

「食べられるものを捨てるなんてもったいない！」という意見が多数。

そして「もちろん舌で押し込んでいます」という方もたくさんいました……ホッ。今は昔と違ってコーンもおいしくなってますからね。食べない派には最初からカップで頼むという人も。確かにそういう選択もありますね。

食べ物を大事にしたい気持ちから？●●●

日本の標準は、

「ソフトクリームのコーンはすべて食べる」

に決定いたしました。

◯◯の缶詰は…

2004年は、缶詰の原理が発見されてからちょうど200年だったそうです。

最初は瓶詰が実用化され、ナポレオン率いるフランス軍の食料として普及したとか。今のようなブリキ缶が使われるようになったのは1810年だそうです。

それから200年。缶詰の役割も変わっています。

レトルトやレンジ調理製品がかなり増えています。コンビニもいたるところにありますので、昔よりは缶詰の出番は少なくなっているかもしれません。

もしかすると、缶切りのない家庭というのもあるかもしれませんね。

さて、あまり深く考えないで答えてください。

あなたは缶詰といえば、何の缶詰をまず思い浮かべますか?

(「フルーツ」という大ざっぱな答えも「桃」という答えも「黄桃」という細かい答えもみんな有りとし、別々に数えます)

Let's VOTE

(この問題は選択肢なしの自由回答です)

……あなたは何缶?

集計結果（総投票数167票）

(1) 桃	**35票**	(14) カンパン	1票
(2) みかん	28票	(15) 清涼飲料水	1票
(3) サバ	26票	(16) カレー	1票
(4) シーチキン	26票	(17) ほていのやきとり	1票
(5) さんまの蒲焼	9票	(18) ウィンナソーセージ	1票
(6) さけ	7票	(19) ブリキ	1票
(7) キャットフード	6票	(20) カル缶	1票
(8) おもちゃの缶詰	4票	(21) ポークランチョンミート	1票
(9) コンビーフ	3票	(22) アンチョビ	1票
(10) カニ	3票	(23) キャンベルスープ	1票
(11) パイナップル	3票	(24) ミミズ	1票
(12) クジラ	3票	(25) トマト	1票
(13) つぶトウモロコシ	2票		

これはもう理屈抜きで、「なぜだか知らないがこれを思いついた」という方がほとんどでしたね。

サバ、桃、みかん、シーチキンが缶詰の四天王。

うん。なんか納得するな。

その中でも、タイトルを「○○の缶詰」と丸を2つにしたことで、2文字のサバとモモが俄然有利になったようです。影響されやすいんだから。

サバを選んだ方にはサバ缶1つをおかずにご飯を食べたほろ苦い日々を思い浮かべた人が多かったようです。サバ・シーチキンといったあたりは今でもご飯のお供にしている方が多いのですが、やはり全体として缶詰と向き合う機会は少なくなっているようで、一番身近な缶詰は「キャットフード」という人も少なくないのです。

さて四天王の争いは大混戦になりましたが、結局桃が抜け出しました。

●●●

てなわけで人それぞれいろんな缶詰があるようですが、

日本の標準は、

「缶詰といえば〝桃〟」

に決定いたしました。

お茶といえば…

ではいきなり問題です。

「お茶といえば」といわれてあなたが思い浮かべたお茶は何ですか？

玉露・煎茶・番茶・抹茶・ほうじ茶・玄米茶。

お茶といってもいろいろあるわけで、煎茶ばっかり飲んでる家もあれば、ほうじ茶ばっかり飲んでる家もある。お茶といってイメージするものが緑か茶色かは人によってまちまちでしょう。

もちろん緑茶以外に紅茶やウーロン茶を思い浮かべた人もいるでしょうし、「お茶にしよう」といってコーヒーを入れても嘘つきにはなりませんから、広い意味ではそのあたりも入るでしょう。

てなわけで**お茶といえば、どんなお茶ですか？**

（ふだん何を飲んでいるか、ではありません）

Let's VOTE

（1）玉露
（2）煎茶
（3）番茶
（4）抹茶
（5）ほうじ茶
（6）玄米茶
（7）その他

……あなたは何茶？

集計結果（総投票数70票）

(1) 玉露 …………… 3票	(5) ほうじ茶 ……… 2票
(2) 煎茶 ………… 39票	(6) 玄米茶 ………… 5票
(3) 番茶 …………… 4票	(7) その他 ……… 17票
(4) 抹茶 …………… 0票	

大方の予想通り、煎茶がトップでした。

煎茶と答えた方の中にも「好きなお茶は」と聞かれたらほうじ茶、という方は結構いました。その家々によってほうじ茶が主流だったり、煎茶が主流だったりするので、結婚してから他のお茶を飲むようになったという人も多いですね。

ちなみに「その他」としてあがったのはコーヒー、麦茶、烏龍茶、はぶ茶などでした。「緑茶」という方もいましたが、実は選択肢の1番から6番まで全部緑茶の種類なんですよねー。

番茶とほうじ茶の違いはわかります？

番茶を火であぶった（「焙じる」ですね）ものがほうじ茶です。玉露と煎茶の違いってのもわかりにくいですが、摘み取る前に日光を遮り、製茶するときに強い蒸気でさっと蒸すのが玉露です。という説明はわかりにくいな。高いのが玉露です。

●●●

てなわけで一番好きかどうかは別として、

日本の標準は、

「お茶といえば煎茶」

に決定いたしました。

トマトの調味料は…

トマトの歌というのがあります。
「トマットトマトトマトトマトトマ
トトッマトトマトトマトトマトト
マトットマトトマトトマトトマト
トマットトマトトマトトマトトマ」
これを「うさぎのダンス」の曲に合わせて歌うのです。まっこと余計な言葉を排除した、飾り気のない歌です。
さて、トマト自身もなかなか飾り気のないやつです。野菜多しといえども、何もつけないでそのまま食べておいしいというやつはそうはいない。
そうはいっても何かつけて食べるのもまたおいしいものです。

あなたはトマトに何をつけますか？

(今回は目玉焼きのときとは違い、ケチャップという選択肢はありません。いや、別にかけるのは自由ですが)

Let's VOTE

(1) 何もつけない
(2) マヨネーズ
(3) 砂糖
(4) 塩
(5) ドレッシング
(6) しょうゆ
(7) その他

……あなたはどれ？

集計結果（総投票数61票）

（1）何もつけない 27票	（5）ドレッシング… 3票
（2）マヨネーズ…… 4票	（6）しょうゆ……… 2票
（3）砂糖…………… 2票	（7）その他………… 5票
（4）塩 ……………18票	

ソースという方が2人、食べられないという方が2人いらっしゃいました。変わったところでは「ハチミツをつける」「ケチャップをつける」といった事例も報告されています。

とはいえやっぱり何もつけないでそのままが一番という人と、塩をかけてかぶりつくのが最高という人が目立ちます。

少数派の中で砂糖、しょうゆがありますが、これはイメージがわかない人が多いと思います。砂糖をかけている人によると、固めのトマトに良く合い、すっぱいトマトが子供にも食べやすい味になるそうです。また、しょうゆをつけると種の部分が大変おいしく感じられるそうです。

トマトって結構、何をつけてもそんなに変な味じゃないですもんね。トマトの人徳（？）ってやつですか。

●●●

てなわけでトマト自身を純粋に味わいたいということで、

日本の標準は、

「トマトには何もつけない」

に決定いたしました。

日本の標準 ①-34

爪楊枝の行方は…

あたまの凸凹がない爪楊枝を見たことがあります。あれがないだけで急に偉くなくなるというか、いや、もともと偉そうな物じゃないんですが、輪をかけて偉くなくなるものです。

名前も考えてみれば妙ですよね。爪に似ているわけではないし、爪の代わりをするわけでもない。ましてや爪が爪楊枝の代わりをするわけではない。

さて、弁当には割り箸がついていますが、その割り箸についている爪楊枝が気に入らないという人がいます。

誰もが使うわけじゃないのに、袋から箸を取り出すときにポトリと落ちるし、捨てるときに袋を突き破って飛び出してくることがあるし、木材資源は消費するし、ろくなことはないというわけです。

必要な人だけレジで受け取ればいいんでしょうけど、それも大変ですからね。

弁当についてくる爪楊枝、あなたは使いますか？

Let's VOTE

（1）使う

（2）使わない

……あなたはどっち？

どうも、「爪楊枝に向かない」人ってのは多いようです。

爪楊枝が歯の隙間にはさまって折れたというのは序の口で、箸袋を破るときに手に突き刺すのは当たり前、使おうとすると歯ぐきが血まみれ……などなど、悲惨な回答が続々と寄せられています。

歯の間にはさまった肉のカケラを取ろうとして、ふだん使わないんだけど爪楊枝を使ったら歯と歯の間で爪楊枝が折れてしまい、肉のカケラと木のカケラがダブルで刺さってしまったという回答者もいます。

使わないからといってとっ

集計結果（総投票数97票）

(1) 使う	28票
(2) 使わない	**69票**

ておいても使われることはあまりなく、もったいないから輪ゴムでまとめてとめてあるけど使い道がわからない、使い道がわからないのでとりあえず手に押しつけてチクチク感触を楽しんでみる……。結局、最初から箸袋と一緒にゴミ箱行というケースが多いようです。

●●●

てなわけでせっかく役に立つようにと弁当についている爪楊枝ではありますが、

日本の標準は、

「弁当の爪楊枝は使わない」

に決定いたしました。

（だからといって、コンビニのレジでいちいち「爪楊枝はお使いになりますか」と聞かれるのも嫌ですけど）

たこさんウィンナーの食べ方は…

たこさんウィンナーとは、いわゆるお弁当の伝統芸として広く日本の家庭に伝わっている、ウィンナーの片側に切れ目を入れてたこの形にした例のやつです。たこさんウィンナーを食べたことがない、あるいはしばらく食べていないという方は、今食べるとすればどうするかお答えください。**あなたはたこさんウィンナーを、どちらから食べますか？**

集計結果（総投票数120票）

(1)	頭	46票
(2)	**足**	**69票**
(3)	真横	5票

足から食べれば口にひっかかる。頭をかじれば足がバラバラになる。とかくたこさんウィンナーは食べにくい。だから、1口で食べる。足を1本ずつ食べる……といった意見もありました。まあ、実際そこまで食べにくかったら広まってないですけどね。

てなわけで**日本の標準は、**ひっかかって食べにくいけれど

「たこさんウィンナーは足から食べる」

に決定いたしました。

日本の標準 ②

生活の標準

日本の標準-②

衣・住　編

Japanese Standard-② Life style

Clothing & Living

10分間の制限時間を越えると扉が自動的に開き、警報が鳴り響く。そんなトイレがシドニーにあるそうです。設置場所は風俗店が立ち並ぶ治安の悪い歓楽街。防犯上の理由で30年以上公衆トイレが設置されなかったのですが、オリンピックの開催もあって新たに作られたそうです。この10分という制限が果たして妥当かどうかはさておき、ここからは、なかなか知ることのできない人様のプライベートな暮らしぶりの標準をのぞいていきましょう。

トイレの所要時間は…

トイレが大好きで短くても20～30分くらい入っているという方からお便りをいただきました。彼に言わせると「アメリカの公衆トイレはドアの下のほうが20センチくらい隙間が空いていて、入っている人の足が丸見え状態で、とっても落ち着かない」んだそうです（どうも防犯のためらしい）。やはり日本のトイレが一番だとか。それにしても、短くても、ということは気が向けば2時間くらい入っているわけでしょうか。

さすがにそれは……ご家族のいる方は自宅ではできないかと。

さて、トイレを愛している方も、愛していない方も。

あなたは何分くらいトイレに入ってますか？

（大の場合でお答えください。

今回はぜひ実際に計っていただきたいと思います）

Let's VOTE

（1）1分以内
（2）1～3分
（3）3～5分
（4）5～7分
（5）7～10分
（6）10～20分
（7）20～30分
（8）30分以上

……あなたは何分？

パンツ脱いで、座って、出して、拭いて、立ち上がって、流して、手を洗ってという動作が物理的に1分以内で可能なのかという指摘が寄せられましたが、ちゃんと8人いますねー。省略可能なところって手を洗うぐらいしかないのですが（ちょっと汚い気はしますが……）。

あと、本とか新聞とか読み物を持ち込んで、でんと構える人は結構いますね。「トイレはそのための場所ではないだろう」というのはまさに正論なのですが、落ち着ける場所であるという事実の前には無力なようです。

集計結果（総投票数125票）			
（1）1分以内	……　8票	（5）7～10分	……12票
（2）1～3分	**……44票**	（6）10～20分	……12票
（3）3～5分	……29票	（7）20～30分	…　3票
（4）5～7分	……14票	（8）30分以上	……　3票

さて、実測してみて1～3分という答えが数多く寄せられています。もうちょっとかかるのでは……というイメージがあったのですが、結構短いものですね。

意外とこの辺の時間の感覚というのはあてにならないものです。

実測せずにこのくらいだろうで答えた方も一度計ってみてはいかがでしょうか。自分でも気づかなかった発見があるかも知れませんよ。

●●●

てなわけで意外に短いような気がしますが、

日本の標準は、

「トイレ（大）の所要時間は1～3分」

に決定いたしました。

タンクの水は…

トイレに水を流すと同時にタンクの上に流れる水、あなたは、タンクに流れる水で手を洗いますか？　洗わない人の中には二通りいて、トイレを出て洗面所で洗う人とまったく洗わない人といるでしょうけど……。この際その区別はいいことにします。

あなたは、トイレタンクに流れる水で手を洗いますか？

集計結果（総投票数133票）

（1）洗う	**97票**
（2）洗わない	36票

「きれいかきたないか」という議論でいえばきれいに決まってます。「洗わない人は」その次元とは違ういわばトイレの水＝「けがれ」の問題があるような気がします。

…

てなわけでトイレ内にタオルを設置している人も多いということで、

日本の標準は、

「トイレのタンクの水で手を洗う」

に決定いたしました。

トイレの式次第は…

夫婦で議論になった人がいます。

トイレから出るときに、彼が「流してからズボンを上げる」といったら、奥さんは「ズボンを上げて、一番最後に流すんでしょう」といったそうです（なんでそんな話になったんだ）。

知り合って12年たつけどこんなところに溝が残ってたんだな、としみじみとおっしゃってました。

ズボンを上げる前にお尻を拭くのは確かなんですがね……。

たぶん、人が用を足すシーンそのものを見る機会は、まったくないわけではないでしょう。そういった種類のビデオもありますから。しかし、人がズボンを上げるのが先か水を流すのが先かを見る機会というのはほとんどないでしょう。さて、

あなたはトイレのとき、ズボンを上げるのが先ですか、水を流すのが先ですか？

Let's VOTE

(1) 流すのが先

(2) 上げるのが先

……あなたはどっち？

集計結果（総投票数132票）

(1) 流すのが先 ……………………………… 35票

(2) 上げるのが先 ……………………………… 97票

「火事とか地震とか緊急事態が起こったとき、いつでも逃げ出せる状態にするにはまずズボンを上げるのが優先事項」だという意見。

「早く流して匂いを消そう」という意見。

「上げないで流すのは、何となく〝尻拭かず〟な感じがする」という意見。まあもちろん拭いてはいるんですけど、確かにお尻を出している姿はおマヌケ感は否めない。先にレバーをひねっておけば、流れている間にズボンを上げられるじゃないかという意見。

ていうか、流すのが先の人にもどうも2通りの流儀があるような。流れるのをじっと見守ってからおもむろに上げる人と、流しながら上げる人と。

かつ、和式と洋式で違うという人もいて、さらにその中にも「和式なら流すほうが先」という人と「和式ならあげるのが先」という人がいます。

おそらくこの件の意思統一がとれる日はこないでしょう。

てなわけで緊急事態にそなえたいとの声もあり、

日本の標準は、

「トイレの後は、流すよりズボンを上げるのが先」

に決定いたしました。

トイレットペーパーの使用量は…

昔はトイレットペーパーなどなくて、ちり紙でした。今のティッシュペーパーをイメージしてはいけません。もっと硬質の紙です。

ちり紙世代にとっては、ある日突然トイレットペーパーが出現して「さあ、尻を拭きたまえ」と迫ってきたのです。周りを見ても教えてくれる人はなし。自ら解決することを余儀なくされました。

そして、その世代が親となって子供に伝えています。生まれたときからトイレットペーパーで育った世代でも、統一された流儀はないでしょう。

そこで、標準的なトイレットペーパーの使用量について調査したいと思います。

あなたは1回にトイレットペーパーをどのくらい使いますか？

（当然状態によっては拭き直す場合もあるわけですが、まず最初に切る長さをお答えください）

Let's VOTE

（1）20cm未満
（2）40～20cm
（3）60～40cm
（4）80～60cm
（5）1m～80cm
（6）1m以上

……あなたはどれ？

　ウォシュレットの場合は水気を吸い取るだけになりますから当然短くなります。ですが、その場合ももっぱら「20㎝未満」と「40～20㎝」の2通りに分かれるようです。乾燥機能のないタイプをお使いの方の中には「1メートル使う」という方もいらっしゃいます。

　「あんまり紙が短くて手につくとイヤだ」というのは万人に共通した意識なのですが、では最低限どの程度あればよいかというのは「60～40㎝」という方もいれば「1メートル以上」という方もいます。もちろん体調や体質によ

集計結果（総投票数36票）		
(1) 20cm未満……1票		**(4) 80～60cm…9票**
(2) 40～20cm……4票		(5) 1m～80cm…9票
(3) 60～40cm……7票		(6) 1m以上………6票

って異なる点ではあるのですが。

皆さん試しに流儀を変えて拭いてみたらいかがでしょうか？　きっと新鮮な感覚があると思います。新鮮な感覚がなくても、損はしないと思います。拭いた気がしない、ということもあるかもしれませんが。

さて、同点ですので議長投票にさせていただきます。

議長は「80～60㎝」に投票します。

●●●

てなわけでお尻の拭き方にも千差万別いろいろな流儀があるようですが、

日本の標準は、

「1回のトイレットペーパーの使用量は80～60cm」

に決定いたしました。

（ちょうど四つ折りして手のひらサイズになるくらいですね）

大小レバーの使い分けは…

「大」の方にひねると水が豪快に流れ、「小」の方にすると、少ししか出てきません。しかし、「大は小を兼ねる」ということわざがこのくらいあてはまる例もありません。

「うちのトイレには大小なんてない」という人も多いかと思いますが、よそのうちのトイレで使う機会もあるでしょう。

あなたはトイレのレバーの大小を使い分けてますか？

集計結果（総投票数56票）

(1) 使い分ける	18票
(2) 使い分けない	**38票**

水は大事な資源だから節約に努めたいという気持ちはみなさんあるようです。とはいうものの、女性の方の場合、小だと紙が流れないという問題がありますね。男は小の場合は紙は使わないけれど。

こう見ると、3分の2の方は大小レバーは必要ないということになります。しかし残りの3分の1強の方が使い分けているということは、小レバーの存在意義もあるというものではないでしょうか。

てなわけできちょう面に使い分けている方もいらっしゃいますが、**日本の標準は、**

「トイレの大小レバーは使い分けない」

に決定いたしました。

パンツの穴は…

この問題は男性の方限定です。

たぶん女性の方は答えようもないし、考えたこともないかと思います。

とはいえ男の子の母親、あるいはそうなる可能性がある人は知っておいても損はない知識です。

その問題とは「男性が小便をするときに、トランクス、ブリーフの穴は使うのかどうか」というものです。

小便をするのに使わないで何に使うのかと思うかも知れませんが、別に無理して使わなければ損をするというものでもありません。

そもそもついてないタイプもありますし、別に穴を使わなくてもパンツを下げれば用は済むというものです。

男性の方にお尋ねします。


あなたは小便時に、トランクス・ブリーフの穴を使いますか?

Let's VOTE

(1) 使う
(2) 使わない

……あなたはどっち?

「使わない人がいるということにびっくりした」という答えと、「使う人がこんなにいてびっくり」という答えが両方出てきました。

　そりゃ、人がどうやってしているかを観察する機会ってありませんものね。そんな機会ほしくありませんが。

　さて、使わない場合に2通りの作法がございます。

　上出しと横出し。

　パンツを下げて上から出すやり方と、足を出すところから出すやり方。一長一短なのでご自分にあった方法でなさってはと思います。

　たぶん使うほうが慣れがい

集計結果（総投票数79票）

(1) 使う	36票
(2) 使わない	**43票**

ると思います。で、最近のパンツでは一応穴はついているんだけど単なる名残で、あんまり機能的にできていないものもあると思います。
また、ジャージを愛用されている方は、パンツだけ穴を通しても意味がないという事情もあります。

●●●

てなわけでなかなかの僅差ではありましたが、

日本の標準は、

「小便時、パンツの穴は使わない」

に決定いたしました。

（なお、小のときにも大と同じ姿勢を取る人も結構いるようです。こうなると穴はもう関係ありませんね）

column

パンツの穴を使えない若者が急増。

穴つきパンツは危機を迎え、穴なしパンツが大人気！

某下着メーカーに問い合わせてみると……「最近はパンツの穴を使う人が減ってきている」というコメント。こうした消費者のニーズに応えて、メーカー側も近年は穴のないタイプのパンツを販売しているのだそうです。知っていましたか？　穴なしトランクスや、ボクサーパンツといったもの。これがかなり好評だというんです。

では、穴なし派はいったいどうやって「小」をしているのでしょうか？　メーカーいわく、穴なし派を好むのは主に若者で、その層はどんどん広がってきているのだそうです。若者からは、「パンツの穴は、使い方がよくわからない」「ズボンもパンツも下ろした方がしやすくてラク」という声があがっているんだとか。これは、和式トイレから洋式トイレへの変化がもたらした影響でしょうか？　それとも母親のしつけの影響なんでしょうか？

逆に年輩の男性は、今でもパンツの穴を愛用している人が多いとのこと。でも、店ではよーく見ないと同じように見えてしまう！　……ということで、間違って穴なしのパンツを買ってしまう人もいるらしく、「このパンツには穴がないじゃないか！　不良品だ！」とクレームをつけてくる人もいるそうです。パンツの購入前にはくれぐれも、「穴のある、なし」をご確認ください！

ズボンの下ろし方は…

マンガのヒトコマを見て、衝撃を受けた人がいました。洋式トイレで、ズボンをヒザ下まで下ろしていたのです。彼はふだん太ももくらいまでしか下ろさないのです。つまり、人がズボンをヒザ下まで下ろしている絵を生まれて初めて見てカルチャーショックを受けたのですね。

最近は幼児向けのトイレットトレーニングの教材が発達しているようで、ウサギさんがウンコくんに向かってバイバイして、ウンコくんもバイバイしながら流れていくというイラストなんかが載っているポスターとかあるようです。そういう教材には「ズボンの下ろし方」とか載ってるかも知れませんね。

さて、我々が子供の頃はそんな教材はありませんでした。

あなたはズボンをどこまで下ろしますか？

Let's VOTE

（1）ヒザ上
（2）ヒザ
（3）ヒザ下
（4）脱衣

……あなたはどこまで？

「脱衣」の方がそれなりにいましたね。脱衣と回答した人以外にも「家では脱衣」という人がいらっしゃいましたし。

どうしてもヒザ上だと股の自由が効かないということでヒザ下を選択された人が多いんですが、ヒザ下だと今度はそのまま床にずり落ちる危険があり、一長一短です。そう考えると脱衣はこの問題を共にクリアしてますね。どこでもできるってわけではないのが難点ですが。

おそらく世界で最初に現在の形の洋式トイレを作った人って、「これはこうやって使

集計結果（総投票数68票）	
(1) ヒザ上	19票
(2) ヒザ	13票
(3) ヒザ下	**33票**
(4) 脱衣	3票

うもんだ」という理念があったはずなんですよ。

しかし、その人はその理念を人に伝えなかった。伝えたのかも知れないけれど、後世には残らなかった。実はそもそもの形は、まったく違う使い方をしていたのかも知れません。

●●●

てなわけで今回個室の中での他人様の様子が初めて明らかになったわけですが、

日本の標準は、

「洋式トイレでズボンはヒザ下まで下ろす」

に決定いたしました。

最初に磨く歯は…

歯磨きも流行があるようで、一時期「ローリング法」という磨き方がはやったことがありました。ほかにもいろいろあるようですが、一番多いのは「自己流」でしょうね。そこでせめてどの歯から磨くかだけでも標準を定めたいと思います。

あなたはどの歯から磨きますか？

犬歯からという珍しい人、磨かないという人はその他に入れてください。

集計結果（総投票数62票）

(1)	上前歯	10票
(2)	下前歯	1票
(3)	上奥歯	18票
(4)	**下奥歯**	**31票**
(5)	その他	2票

下奥歯が多数派なわけですが、その中にもとにかく「下を全部先に済ます派」とか「左なら左を全部済ます派」とか、派閥がいろいろあるようです。

しかし電動手動おりまぜて毛先が丸いやつとか山切りのやつとかこれだけいろんな歯ブラシがあるのですから、いっぺんに磨ける歯ブラシとか、誰か作りませんかね。

てなわけで派閥はいろいろあるようですが、**日本の標準は、**

「最初に磨くのは下奥歯」に決定いたしました。

入浴の段取りは…

旅館の風呂などでは、丁寧に「体を洗ってから入浴して下さい」などと書いてあることがあります。書いてあるってことは体を洗わずに入浴する人が多い、ってことですね。

「そんなことはしない」、「銭湯とか温泉では礼儀としてまず洗う」という人も、家の風呂では違うかもしれません。

自宅の風呂では、体を洗うのと湯に入るのではどちらが先でしょうか？

さらに、「髪を洗う」を加えるとどうなりますか？

もちろんかけ湯ですとか「ケツを洗う」「キン○マを洗う」などは別格として、順序には数えないことにしましょう。

あなたはどういう順序で風呂に入りますか？

（ただし、最初に服を脱ぐところからは答えなくても結構です）

Let's VOTE

（1）髪を洗う→体を洗う→湯に入る
（2）髪を洗う→湯に入る→体を洗う
（3）体を洗う→髪を洗う→湯に入る
（4）体を洗う→湯に入る→髪を洗う
（5）湯に入る→髪を洗う→体を洗う
（6）湯に入る→体を洗う→髪を洗う

……あなたはどれ？

意外と大差がつきました。

まず先に湯に入るか入らないかで意見が分かれています。数としては、先に「湯に入る」が多いのですが、体を洗わずに湯に入ることに怒りの声があがっております。

「先に体を温めてから洗ったほうが体の脂肪が浮き出るのできれいになる」との説もあるのですが、本当でしょうか。

次は湯に入ってから、体と頭、どちらを先に洗うかですが……。

髪を洗ってからが多いというのは、「体を洗ったあとに髪を洗うと、シャンプーやリ

集計結果（総投票数151票）	
（1）髪を洗う→体を洗う→湯に入る	37票
（2）髪を洗う→湯に入る→体を洗う	2票
（3）体を洗う→髪を洗う→湯に入る	13票
（4）体を洗う→湯に入る→髪を洗う	9票
（5）湯に入る→髪を洗う→体を洗う	**65票**
（6）湯に入る→体を洗う→髪を洗う	25票

ンスがついてイヤ」という理由が多かったですね。せっかく風呂に入ったんだから、ムダに汚れたくないですもんね。

●●●

てなわけで数々の非難の声もあがってはおりますが、

日本の標準は、

「入浴は、湯に入る→髪を洗う→体を洗うの順」

に決定いたしました。

（実は、この投票をやったのが2月なんです。まず湯に入らないと寒いんです。やはり寒さには勝てません）

シャワーの一時停止は…

水不足になると「節水」が叫ばれるわけですが、だいたいは喉元過ぎれば熱さを忘れております。

朝、洗面所で顔を洗っているとき、流しっぱなしは仕方ないにしても、シャワーの場合、体や髪を洗っている間（〝流している〟ではない）など、止める機会はあるわけです。

そこで問題。**シャワーを使うとき、水をこまめに止めますか？**

集計結果（総投票数117票）

(1) 出しっぱなし	32票
(2) ときどき止める	**85票**

結構堅実な結果と申しましょうか。

「出しっぱなしだと、うるさいので」という理由の方もいるんですが、ほとんどはやはり「水がもったいない」という理由です。節水ということもあるんですが、「水道代がかかる」という動機の方が大きいみたい。

温泉で周りを見ると、ここの傾向に反して出しっぱなし派が多い、という報告もあります。やはり自分の水じゃないと大胆に使えるのでしょうか。

●●●

てなわけで自分の家のシャワーの場合、**日本の標準は、**

「シャワーの水はときどき止める」

に決定いたしました。

日本の標準 ②-11

バスタオルの使用サイクルは…

バスタオルは、1人1枚それぞれ使いますか。それとも、家族で一緒に使いますか。（1人暮らしの人は自動的に1人1枚ですけどね）

毎日洗濯しますか。それとも、何日か使ったあとで洗濯しますか。

家族で一緒に使うってことはあるでしょうけど、お客様のような赤の他人と一緒に使うってのはないでしょうね。

しかし例えば5人家族で1人1枚使い、毎日洗濯したとすると毎日5枚のバスタオルを洗濯することになります。2日で10枚。さらにそれを干す場所、収納する場所を考えるとそれも現実的ではないような。

極端な話、勤めているので週末しか洗濯できない、という場合は5人×7日で35枚になります。こうなるともうバスタオルに囲まれる生活ですね。

それはさすがにできないだろうからどこかで妥協しているんでしょうけど……。

あなたはバスタオルをどのくらいの頻度で取り換えますか？

Let's VOTE

（1）１人×１日
（2）複数人×１日
（3）１人×複数日
（4）複数人×複数日

……あなたは何番？

集計結果（総投票数98票）

(1) 1人×1日	32票
(2) 複数人×1日	7票
(3) 1人×複数日	**53票**
(4) 複数人×複数日	6票

体の拭き方の流儀にそもそも大きく2通りあって、1回普通のタオルで体を拭いてからバスタオルで拭くというやり方と、最初から濡れた体をバスタオルで拭くというやり方と。どっちの流儀に従うかでバスタオルの交換頻度にも影響します。

さらにそもそもバスタオルを使わないという人もいれば、髪と体は別で1人で2枚使う方もいます。

「家族が使ったのを使うのはイヤ」という方はもちろんいらっしゃいます。ばっちいというよりも、誰かが体を拭いて既にしめったバスタオルを使うのに抵抗があるようです。

次の日には乾くから複数日使うことにはそんなに抵抗はないようですが、中には旅行のときにも1日につき1本持って行くという方もいます。まあ、総じて日本の家庭でのバスタオルの使用数は確実に増えているような気がしますね。

やはり貰い物が多いですからね。あんまり、「さあ、今日はバスタオルを買いに行くぞ」と気合いを入れて街に出かけた記憶ってないですもん。

●●●

てなわけで体の拭き方の流儀にもよりますが、**日本の標準は、**

「バスタオルは1人で複数日使う」

に決定いたしました。

シャンプーの背後は…

「別に霊感少女じゃないんだけど」とその女性はいいました。

「シャンプーしてるときって後ろに誰かがいるような気がして怖い」というのです。

周りの友人に聞いてみると、「そんなことは考えたこともない」という人ももちろんいますが、「誰もいないはずなのにキョロキョロしちゃう」とか、「目をつぶると怖いから目を開けてシャンプーする。だから目が痛い」という人もいます。

そんなわけでシャンプーのとき背後に気配を感じるかというのが今回の問題なのですが……。

シャンプーしているときって無防備な状態ですもんね。人間が裸で目を閉じている状態って、性行為中を除けば、シャンプーのときくらいですもん。いままで考えたことがなかった人でも、これを読んで気になった人もいるんじゃないですか。

てなわけで、**あなたはシャンプーのとき背後に気配を感じますか？**

Let's VOTE

（1）感じる

（2）感じない

……あなたはどっち？

意外と気配を感じる方いますね。
怖いので、目を開けてシャンプーする方も少なからずいるようで。感じようにも住宅事情で背後にスペースがない、という方ももちろんいらっしゃいますが。
かと思うと「左斜め後ろあたりに感じる」と、妙に具体的な方もいます。実際に「ナメクジやガが現れる」という即物的な風呂もあります。
「感じてたんだけど子供が生まれてドタバタするようになったらいつのまにかなくなった」という方も。確かに、そうなったらそんなこと感じ

集計結果（総投票数113票）	
(1) 感じる	38票
(2) 感じない	**75票**

てる暇ないですもんね。

「一生懸命シャンプーすれば、背後のことなど気にならないはず」という意見もありますが……。

●●●

てなわけで、それぞれの住宅事情もございますが、

日本の標準は、

「シャンプーのとき背後に人の気配は感じない」

に決定いたしました。

（とはいうものの、この結果はどちらが標準かということより、3人に1人、決して少数ではない人々が「シャンプーのとき背後に人の気配を感じている」ということに注目すべきかもしれません）

ボタンを留める順序は…

シャツのボタンを留めるにもいろんなやり方があるものです。

5つボタンがある服ですと5×4×3×2×1で120通りの選択肢がありえるわけですが、さすがにこの120通りを全部書くことはできないので、いくつかのパターンに整理しました。

あなたは、**ワイシャツのボタンをどこから留めますか？**

集計結果（総投票数44票）

(1) 上から	**36票**
(2) 下から	5票
(3) 外から	1票
(4) 中から	0票
(5) その他	2票

下からはめた方が間違いが少ないという説がありますす。上からはめていって最後にずれていたというショックも、これならさけられます。

にもかかわらず圧倒的な支持を受けた「上から」ですが、あまり合理的根拠というのはないようです。

あえていうならボタンの上だけはめた状態と下だけはめた状態。どちらがおマヌケかといったら「下だけはめた状態の方がよりいっそうおマヌケである」ということでしょうか。

てなわけで何ら合理的な根拠はありませんが、…

日本の標準は、

「ボタンは上から留める」

に決定いたしました。

目覚ましの有効性は…

世の中には、目覚ましの鳴る前に目を覚ましてしまう人がいます。一応目覚ましをセットはするわけ。でも、目覚ましが鳴る数分前にピシッと起きて、目覚ましが鳴る前にオフにするわけ。

それじゃあ目覚ましをかける意味がないではないかとお思いでしょうが、これが一種の自己暗示になっているんでしょうね。

まあ、世の中そんなに便利な人ばかりではないですが。

あなたは目覚ましを使いますか？　そしてあなたはそれで起きていますか？

（時計でなくてもラジオでもなんでも目覚ましとして役に立つものならかまいませんが、「目を覚ます」ではありませんよ。「起きる」ですからね。起きて立ち上がらなければだめですよ。

「奥さんに起こされる」という人は目覚ましをかけていれば（1）、かけていなければ（5）に投票してください）

Let's VOTE

（1）目覚ましが鳴るけど起きられない
（2）目覚ましの音で起きあがる
（3）目覚ましをセットはするが、目覚ましが鳴る前に起きる
（4）目覚ましを使わず自分で予定通りに起きる
（5）目覚ましを使わず、予定通りに起きない

……あなたは何番？

これ、4番の人と1番の人ってまったく相互理解不可能でしょうね。起きられない方にとっては、目覚ましを複数置く、手の届かない遠くに置くというのは基本の技です（起きられなければ同じですが）。

　起きられないという人はたいていの場合、無意識か意識的にか目覚ましをいったん止めているのですが、中にはまったく止めないまま寝続けるツワモノもいます。そのうちに自動停止し、12時間後に誰もいない部屋でまた鳴り出すわけです。

　それにしても、「好きなだ

集計結果（総投票数150票）	
（1）目覚ましが鳴るけど起きられない	**……60票**
（2）目覚ましの音で起きあがる	……40票
（3）目覚ましをセットはするが、目覚ましが鳴る前に起きる	……28票
（4）目覚ましを使わず自分で予定通りに起きる	14票
（5）目覚ましを使わず、予定通りに起きない	……8票

け鳴って不快です」とか「うるさいんだもん」とか今回妙に目覚ましに対して憎しみのこもった声が多かったなあ。そんな、その目覚ましをセットしたのはあなたでしょう。目覚ましは悪くないっす。

起きられない社会人が多いわけですが、ま、これで日本の社会はちゃんと成り立っているんだから気にすることたあない、と。日本人が時間に正確だというの、あれ、幻想ですよね。

●●●

てなわけで目覚ましには気の毒ですが、

日本の標準は、

「目覚ましが鳴るけど起きられない」

に決定いたしました。

（これ、どっちにしろ起きないなら、目覚ましをかけてもかけなくても同じだろうと思うのですが、人間なかなかそう割り切れるものではないようで）

寝るときの明かりは…

大きい照明と、小さい電球があります。寝るとき、これを全部消す人と、小さい電球だけつけておく人がいます。

一応「その他」というのを用意しました。めちゃくちゃ明るい中で寝るとか、そういう人はこちらを選んでください。

あなたは寝るときに小さい電球をつけますか？

集計結果（総投票数144票）

(1)	小さい電球をつける …	25票
(2)	すべて消す ………………	115票
(3)	その他 ……………………	4票

電球、小さい子どもしか使わないんじゃないかというくらいに使われてません。いまは明かりを全部消しても、真っ暗にはならない……という意見もあり、これもそうかなと思います。雨戸がない家も増えてますしね。それがいいことか悪いことかは別として。

●●●

てなわけで、せっかくついてはいるものの、

日本の標準は、

「寝るときには、小さい電球もすべて消す」

に決定いたしました。

靴下を履く体勢は…

人間というものは、足の裏で立っているのです。一方、足の裏を覆う布というものがあります。そうです。靴下です。

覆うものである以上、足の裏を床に着けたままでは靴下を履くことができません。何らかの姿勢で足を持ち上げて履くことになります。別に難しいことではありません。毎日やっていることです。

いまだかつて市販の靴下に説明書がついているのを見たことはないので、立って片足を持ち上げるか座って尻で体を支えるか、統一されたやり方はないでしょう。人によってバラバラだと思います。

おそらくパンストですと座っては履きづらいので（不可能ではないと思いますが）、「立って」の場合が多くなると思いますので、パンストはとりあえずおいといて。

あなたはどんな体勢で靴下を履きますか？

Let's VOTE

（1）立って
（2）椅子等に腰掛けて
（3）床等に尻餅をついて
（4）寝そべって
（5）その他

……あなたはどれ？

こたつに入ったまま反対側から足を出し奥さんに履かせてもらう。結婚して以来自分で履いたことがない。

こういう報告がされてますが、まあこれは例外中の例外ってことで。

幼いころ床に座って靴下を履いていると「行儀が悪い、立って履け！」と怒られた方がいます。大人になって考えると別に行儀が悪いとも思えないわけですが。

逆に親に「あぶなっかしいから座って履け」と怒られた人もいます。こっちの方がまだ筋が通ってるかな、と。

立って履くには1本足でバ

集計結果（総投票数72票）

(1) 立って	31票
(2) 椅子等に腰掛けて	13票
(3) 床等に尻餅をついて	23票
(4) 寝そべって	1票
(5) その他	4票

ランスをとるのが必須です。

このように危険な、立って靴下を履くという行為が日本の標準であることに関して、私は深く憂慮するものです。

もし靴下を履いているときにバランスを崩して頭を打ったら……かなり話題になれると思います。

●●●

てなわけで体勢としては非常にバランスが悪いにもかかわらず、

日本の標準は、

「靴下は立って履く」

に決定いたしました。

留守電のメッセージは…

留守電の記憶媒体がテープからメモリになるにつれて、留守電自体にははじめから応答が付属するようになりました。これが出始めた頃は「えーい、誰んちにかけたかわからんじゃないか」と思っておりましたが、最近はあえて名乗らないことも多いようです。

さて、**あなたの家の留守番電話はどうなってますか？**

集計結果（総投票数69票）

(1)	自分(家族)の声(名乗りつき)	14票
(2)	自分(家族)の声だが名乗らない	3票
(3)	**電話機付属の声**	**35票**
(4)	留守電がない	8票
(5)	その他	9票

自分でも電話機付属の声を使っているので、3番かと思ってはいたのですが、ここまで大差がつくとは思いませんでした。最近電話のマナーが変わってきた影響もあるかもしれません。昔は電話に出たらまず「はい、○○です」と名乗るのが常識でしたが（今でもビジネスでは常識ですが）いたずら電話や無言電話など、電話による犯罪行為が増えて必ずしも名乗るのが一般的というわけではないようです。

てなわけで誰の家にかけたかわかりませんが、**日本の標準は、「留守電のメッセージは電話機付属の声」に決定いたしました。**

名前つき持ち物は…

愛車やバイクに「なんとか号」とか名前をつける人がいます。パソコンに「なんとか君」とか名前をつける人がいます。もっているパソコンに女性名をつける男もいます。あまり口に出して呼ばない方がいいとは思いますが、そんなふうに持ち物に名前をつける、ということはしばしば見受けられます。

もちろん物にはすべてなんらかの名前があるわけです。ないと呼べません。しかし電話機をさして「電話」というのは、これは一般名詞ですから関係ありません。

リカちゃん人形の名前がリカちゃん、これも商品名ですから違います。パソコン同士をネットワークでつなぐ場合はマシン名が必要ですが、これは今回ちょっと別としましょう。

あなたは自分の持ち物に名前をつけたことがありますか？

Let's VOTE

(1) ある

(2) ない

……あなたはどっち？

集計結果（総投票数122票）

(1) ある ………………………………… 66票

(2) ない ………………………………… 56票

「気持ち悪い」という人もいれば「物にはみな魂がある」という人もいる。

自転車やバイク、車に名前をつける人は多いですね。趣味でバイク旅行している人だと、旅を続けていると「戦友」という気がしてくるとか。なるほどね。かと思うと自転車を「ベンツ」と呼ぶ安直な方もいるようで。

自転車の名前だと他には「轟天號」「学研1号」「そーいちろーさん」「白いカラス」「P助（パナソニック製なので）」……。

こうしてみると、名前のつけ方はかなりいいかげんというかずさんというか、気合い入れた名前をつけてる人ってあんまりいませんね。当たり前か。

やっぱりつける人は自然発生的につけるんですかね。特に理由があってつけてるわけではないし、つけない人も特に理由があってつけないわけではないわけで……そりゃ、お互いのことが理解できないわけですね。

●●●

てなわけで特別気合いを入れてつけているわけではないようですが、

日本の標準は、

「持ち物に名前をつけたことはある」

に決定いたしました。

日本の標準 ②-19

階段を使う範囲は…

一般の事務所や家庭ではエレベーターか階段かの選択になります。もちろん5階建でもエレベーターがないなんて住宅はたくさんありますが、そういうところは階段を使うしかないわけで今回はちょっとおいといて。

あなたは1階にいます。エレベーターがありますが、当分無茶苦茶混んでいて、乗れそうにありません。

あなたは何階までなら階段を使いますか。

集計結果（総投票数40票）

(1)	どんなに待ってもエレベーター	2票
(2)	2階までなら階段	3票
(3)	**3階までなら階段**	**22票**
(4)	4階までなら階段	5票
(5)	5階までなら階段	3票
(6)	それ以上	5票

予想以上に圧倒的な大差でした。やはり、1フロア程度の移動でエレベーターを使用する人に対する人々の怒りは激しかった、といえましょう。こんな逆境のなかで唯一、「必ずエレベーターを使う」と宣言された方には、皮肉でなく大きな拍手を送りたいと思います。

●●●

てなわけで待っているうちにはついてしまうということで、**日本の標準は、**

「3階までならエレベーターを待つより階段を使う」

に決定いたしました。

日本の標準-②

文化編

Japanese Standard-② Life style

Culture

憧れの人の存在って人それぞれ違うものです。歴史上の人物や、テレビ、マンガの登場人物の誰を好きになるのか、というのもそう。では、「アリとキリギリス」ではどちらを応援しますか？　「当然アリでしょう！」と思ったあなた。実は、皆が皆、そうだとは限らないんですよ。歴史や絵本、テレビの中にあるちょっとした派閥。そこには「日本の標準」がさりげなく存在しているのです。

日本の標準 ②-20

「うさぎ」と「かめ」への感情移入は…

「うさぎとかめ」の話は知ってますよね。そう、イソップの寓話。うさぎとかめが競走して、うさぎが寝て、かめが勝つ、という例のやつ。

この話を読んだとき、あるいは聞いたとき、うさぎの立場で「得意なことでもなまけちゃいけない」と考えますか、かめの身になって「こつこつやれば報われる」と考えますか。

ミュンヘン五輪の金メダリストにフランク・ショーターというマラソン選手がいます。福岡国際マラソンでは4連勝しているというスーパーランナーです。いかにすごかったかというと、ある大会で走っている途中に便意を催し、応援の小旗から紙をちぎりとり河原で用を足してまたコースに戻って優勝したというエピソードでもわかります。彼なら途中昼寝してもかめに勝てたかも?

さて、あなたはうさぎとかめ、どちらに感情移入しますか?

Let's VOTE

(1) うさぎ

(2) かめ

……あなたはどっち?

☆かめ派の意見。
・こつこつやれば報われる。
・努力すれば報われると思いたい。
・どうしてそんなにノロイのかなんて大きなお世話。
・勝負の途中で寝てしまう心理は理解できない。
☆うさぎ派の意見。
・かめは姑息である。
・相手の失策で勝ったことがそんなに嬉しいか。
・世の中誰も起こしてくれない。
・かめはえらいって大人があんまりしつこくいうもんでその反動。
……とまあいろいろ意見は出

集計結果（総投票数213票）

(1) うさぎ	104票
(2) かめ	**109票**

ましたが、結論としては「この話無理がありすぎ」。

なぜかめがうさぎに競争を挑むか。

なぜうさぎは受けるか。

なぜゴール前に寝るか。

かなり人間心理（人間じゃないけどさ）を無視した話です。

●●●

てなわけでもともと感情移入しづらい話ではありましたが、

日本の標準は、

「うさぎとかめでは〝かめ〟に感情移入する」

に決定いたしました。

新聞をどこから読むか…

新聞を読むとき、いきなりスポーツ面をひろげるとか、囲碁欄を読むとか、そういう人もいるでしょうし、日経みたいにテレビ欄が最終面でないのに、それでもテレビ欄から見る人もいるかもしれませんね。さて、

あなたはどこから新聞を読みますか？

集計結果（総投票数73票）

(1) 前から	17票
(2) 後ろから	**38票**
(3) 中から	6票
(4) チラシから	2票
(5) 読まない	8票
(6) その他	2票

過半数の人が、振ってあるページと逆順に読む。そんな刊行物がほかにあるでしょうか。もし朝日新聞が4コママンガを1面にもってきたら、この結果はどう変動するのでしょう……。

●●●

てなわけで、漫画・テレビ欄をチェックしたい人がかなり多く、

日本の標準は、「新聞は後ろから読む」に決定いたしました。

万歳の作法は…

「選挙の度に気になることがあるですが」というお便りをいただきました。当選者の万歳三唱での手の上げ方を見て、本来このときの手の上げ方は手のひらを内側にして上げるべきなのだが、手のひらを前方に向けている当選者が非常に多い、どちらが標準なのだろうというのです。

そんなことどっちだっていいじゃないかーっ！　と、思わずこの本の存在そのものを否定してしまいましたが、言われると気になります。てなわけで「欽ちゃんの全日本仮装大賞」を思わず真剣に見てしまいました。

「はい、おめでとうございます。それじゃ、せーの、ばんざーい！」

うーん。確かに手のひらを前に向けている人が多いですね。やはり作法が崩れつつある、って、ちょっと待て、「手のひらは内側」が正しいといい切る根拠は何なんだ。

てなわけで、**あなたは万歳をするとき、手を内側に向けてますか？前に向けてますか？**

Let's VOTE

（1）手のひらは内側

（2）手のひらは前

……あなたはどっち？

これにはちゃんと法的根拠がありまして―。

明治12年4月1日施行の太政官布告第168号に「万歳三唱令」というのがあります。

それによれば「万歳ノ発声トトモニ右足ヲ半歩踏ミダシ同時ニ両腕ヲ高々ト挙ゲルベシ」と万歳実施要領が定められ、「コノ際両手指ガ真ッ直ニ伸ビ、カツ両手ヲ正シク内側ニ向ケテオクコトガ肝要ナリ」と決められているのです。

……といったら信じますか?

20世紀末(1999年頃)にこの万歳三唱令が自治体を中心に全国に出回ったのは事実です。しかし、その中身は真

集計結果（総投票数44票）

(1) 手のひらは内側 ………………………………… 5票

(2) 手のひらは前……………………………………39票

っ赤な偽物、万歳三唱令なんて太政官布告は存在しません。

そもそも明治12年にはまだ万歳はなかったそうです。

そういえば時代劇で万歳って見たことありませんものね。江戸時代に万歳があったら絶対赤穂浪士は吉良邸討ち入りのあと万歳しているはずですもんね。

●●●

てなわけで由緒正しい作法とは異なりますが
（だからそんなものありませんって）、

日本の標準は、

「万歳のとき手のひらは前」

に決定いたしました。


（そういえば、常に手のひらを内側に向けて万歳していた人がいます。

故小渕首相です）

おはようの限界は…

ちなみに私、昔学生演劇をやっていまして、そこでは何時であっても「おはようございます」を使ってました。ですので今でも結構そのときの癖が残っていて午後になっても「おはようございます」を使うことがあります。さて、

あなたは何時くらいまでなら「おはよう」を使いますか?

集計結果（総投票数107票）

(1) 午前7時	0票
(2) 午前8時	1票
(3) 午前9時	5票
(4) 午前10時	**36票**
(5) 午前11時	21票
(6) 正午	18票
(7) 時刻に関係なく使う	24票
(8) 時刻に関係なし使わない	2票

2位に「時刻に関係なく使う」が入ったのが大健闘ですね。日本語が乱れている、というるさ型の方もいらっしゃると思いますが、実際そういう人は結構存在します。

てなわけで、比較的正しく使っている人が多く、

日本の標準は、

『おはよう』を使うのは午前10時まで」

に決定いたしました。

歴史上の人物といえばは…

「日本の歴史上の人物」といえばまず誰を思い浮かべるか、というのが今回の問題です。

一応条件として、

・日本人には限定しませんが、日本史の教科書に載っている人に限ります（従ってペリーはＯＫ、コロンブスはＮＧ）。

・一応、故人を対象とします（川端康成はＯＫ、大江健三郎はＮＧ）。

・もちろん、実在の人物を対象とします（紫式部はＯＫ、光源氏はＮＧ）。

歴史上の人物は山ほどいるわけで、誰の名前が出てくるかわかりません。

さて、**あなたにとって歴史上の人物といえば誰ですか？**

Let's VOTE

（この問題は選択肢なしの自由回答です）

……あなたは誰？

集計結果（総投票数110票）

（1）織田信長……30票	（20）伊藤博文……1票
（2）聖徳太子……17票	（21）野口英世……1票
（3）徳川家康……9票	（22）鑑真和上……1票
（4）卑弥呼……5票	（23）太宰治……1票
（5）坂本竜馬……5票	（24）徳川 家光……1票
（6）豊臣秀吉……5票	（25）弓削道鏡……1票
（7）平賀源内……5票	（26）足利義満……1票
（8）山本五十六…4票	（27）清少納言……1票
（9）伊能忠敬……2票	（28）源頼朝……1票
（10）木曽巴……1票	（29）服部半蔵……1票
（11）天草四郎……1票	（30）ジョン万次郎……1票
（12）毛利隆元……1票	
（13）勝海舟……1票	（31）武田信玄……1票
（14）小野妹子……1票	（32）紫式部……1票
（15）安倍晴明……1票	（33）伊達政宗……1票
（16）水戸黄門……1票	（34）石原莞爾……1票
（17）細川幽斎……1票	（35）福沢諭吉……1票
（18）昭和天皇……1票	（36）松尾芭蕉……1票
（19）平清盛……1票	（37）足利尊氏……1票

戦国3強＋龍馬＋聖徳太子の争いはだいたい予想通り。これにせまる健闘を見せたのが、卑弥呼と平賀源内でした。卑弥呼はともかく、源内はちょっと意外でしたね。

さて、昔は秀吉のほうが信長より人気があったような気がするのです。

日韓関係が改善されるとともに秀吉の評価が下がったこともあるでしょうし、それにもまして個性がなによりもてはやされる時代であるということでしょうか。

てなわけで意外に大差をつけて、●●●

日本の標準は、

「歴史上の人物といえば織田信長」

に決定いたしました。

星の書き順は…

まず、この図形を書いてみてください。

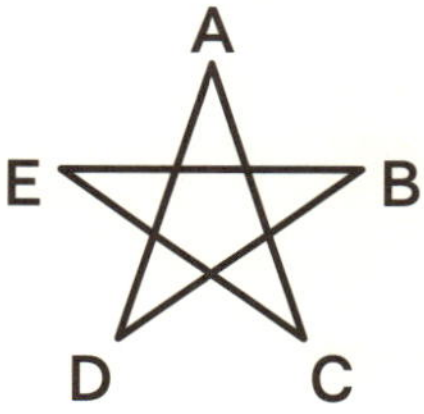

図のような星印。

あなたは第1画を、どこからどの方向に書き始めますか?

Let's VOTE

(1) A→C
(2) A→D
(3) B→D
(4) B→E
(5) C→E
(6) C→A
(7) D→A
(8) D→B
(9) E→B
(10) E→C

……あなたはどれ?

集計結果（総投票数194票）

（1）A→C	11票	（6）C→A	3票
（2）A→D	**81票**	（7）D→A	28票
（3）B→D	0票	（8）D→B	5票
（4）B→E	12票	（9）E→B	49票
（5）C→E	5票	（10）E→C	0票

回答をお寄せくださった方のほとんどがびっくりしていました。何の疑いもなく、「誰もが自分と同じ書き方をしてるもんだ」と思っていたのです。どの書き方をする人でも。

「普通はこうでしょ」って人が多かったんですけど、あまり他人が星を書くのなんて意識したことないんじゃないでしょうか。どの範囲を指して「普通」といっているのかといえば、ほとんどは「自分1人」ではないかと思います。

幼稚園で教わったとか学校で先生が教えてくれたという方がたまにいますが、ほとんどの方が「そういえばいつ誰に習ったのかわからない」「なぜそう書いているのかわからない」と応えています。（もちろんこれ、正しい書き順なんてものがあるわけじゃありません）

なお、陰陽道や魔術の五芒星がこんな形ですが、この場合は正しい書き順があるようですよ。

てなわけでこれが「普通」かどうかはわかりませんが、

日本の標準は、

「星を描くときは上から左下の線を先に描く」

に決定いたしました。

TVヒーローといえば…

あなたは「TVヒーロー」といえば誰を思い浮かべますか？

TVの番組名ではなく「ヒーロー」です。

こちら葛飾区亀有公園前派出所はNG、両さんはOK。タイガーマスクという答えで伊達直人のことならOK、佐山聡ならNG。力道山、長嶋茂雄など実在の人物は除きます。ただし水戸黄門とか大岡越前とか、実在した本人がTVに出ているわけでなければかまいません。

単に「ウルトラマン」といった場合は初代ウルトラマン、「仮面ライダー」といったら1号2号のこととします。ウルトラセブン・仮面ライダーV3以降は別に選択肢を立ててください。集団ヒーローの場合、なるべく個別でなく集団でお答えください（例・アカレンジャー→ゴレンジャー）。「ヒーロー」といっていますが、女性でもかまいません。

あくまでTVヒーローですので、ゴジラのような映画のヒーローを混ぜないでください。

Let's VOTE

（この問題は選択肢なしの自由回答です）

……あなたはのヒーローは誰？

集計結果（総投票数121票）

(1) ウルトラマン … 24票
(2) ルパン3世 …… 9票
(3) ゴレンジャー …8票
(4) ガッチャマン … 8票
(5) ウルトラセブン… 6票
(6) エイトマン …… 4票
(7) 宇宙刑事ギャバン ……………… 3票
(8) 月光仮面 …… 3票
(9) ヤッターマン … 3票
(10) 仮面の忍者赤影 ……………… 3票
(11) 大岡越前 …… 3票
(12) 鉄腕アトム …… 3票
(13) 機動戦士ガンダムとアムロをセットで ……………… 3票
(14) ライジンオー …2票
(15) アクション仮面 ……………… 2票
(16) ストレッチマン … 2票
(17) 星飛雄馬 …… 2票
(18) 仮面ライダー1号 ……………… 2票
(19) 忍者部隊月光 … 2票
(20) 太陽戦隊サンバルカン ……………… 2票
(21) 水戸光圀 …… 2票
(22) 阪神タイガース … 1票
(23) 仮面ライダー2号 ……………… 1票
(24) 隠密同心 …… 1票
(25) ゼロ戦はやと … 1票
(26) 遠山金四郎 … 1票
(27) マグマ大使 … 1票
(28) ザ・ウルトラマン ……………… 1票
(29) キン肉マン …… 1票
(30) 「勇者ライディーン」のひびき洸……… 1票
(31) バロム1 ……… 1票
(32) レインボーマン 1票
(33) スーパージェッター ……………… 1票
(34) 超人ビビューン 1票
(35) 海底人8823（ハヤブサ）…… 1票
(36) 木枯し紋次郎… 1票
(37) トリプルファイター ……………… 1票
(38) 必殺仕事人 … 1票
(39) ドラえもん …… 1票
(40) 33 …………… 1票
(41) 銭形平次 …… 1票
(42) マジンガーZ … 1票
(43) 仮面ライダークウガ ……………… 1票
(44) 昔のキューティーハニー ……………… 1票
(45) 古代進 ……… 1票
(46) 仮面ライダーV3 ……………… 1票

「ガッチャマン」・「ゴレンジャー」・「ルパン三世」といったところが上位にきておりますが、とにかく意外だったのが「仮面ライダー」が伸びなかったことです。

社会的現象にまでなり、シリーズが現在もなお続いているヒーローにしては意外な敗北。ウルトラマンとは世代的に微妙にズレてるはずなんですけど、かなり食われたようですね……。

●●●

てなわけで3分間しか地球上にはいられませんが、

日本の標準は、

「TVヒーローといえばウルトラマン」

に決定いたしました。

映画の見方は…

最近映画館では時間帯を分けて吹き替えと字幕の両方で上映するケースが増えてます。レンタルビデオでも両方が置いてありますし、テレビも両方可能です。「映画館だと字幕読むのがめんどくさいからテレビで放送されたときに見る」というのも吹き替え派と言えるでしょう。

あなたは映画をみるとき、吹き替えと字幕とどちらを選びますか?

集計結果（総投票数129票）

(1) 吹き替え	25票
(2) 字幕	**104票**

アル・パチーノの声は野沢那智じゃなきゃダメだし、ジャッキー・チェンの声は石丸博也じゃなきゃいかんのですよ。それくらい吹き替えの声優も重要だということです。とはいえ、いまだ字幕は本モノで、吹き替えはニセモノ、という意識が高いということでしょうか。

てなわけで字幕を読む面倒くささはありますが、**日本の標準は、**

「映画は吹き替えより字幕のほうがいい」

に決定いたしました。

幽霊は存在するか…

この世には科学の力では解明できないことがあります。

あなたはデンシンバシラテアミネコの存在を信じますか？　デンシンバシラテアミネコは電信柱のてっぺんにいます。よくセーターやマフラーを編んでいるのですが、電信柱のちょうどてっぺんに乗っているので地上の人からは死角になって見えないのです。

もしあなたがデンシンバシラテアミネコを見たことがなくても、いえ、世界中の人がデンシンバシラテアミネコを見たことがなくても、それはデンシンバシラテアミネコがいないという証明にはなりません。

さてデンシンバシラテアミネコの存在は信じない人でも、幽霊の存在は信じてる人は多いと思います。

果たして幽霊は実在するやいなや、あなたはどう思いますか？

（丹波哲郎なら「いるものは仕方がないんだな」で終わってしまうところですが）

Let's VOTE

（1）見たよ
（2）います
（3）いて欲しい
（4）いない
（5）興味ない

……あなたは何番？

集計結果（総投票数91票）

(1) 見たよ	12票
(2) います	18票
(3) いて欲しい	**29票**
(4) いない	28票
(5) 興味ない	4票

「幽霊がいる」という根拠にもいろいろあるようで。

「幽霊に踏まれたことがある」という方もいました。じゃあ幽霊って足があるってことですね。

「実在しない」といっている番組や記事を見たことがないって人。

はたまた「幽霊本人がそういっているのですから間違いありません」という人。おいおい……。

回答を寄せてくれた方の中に高野山の僧侶の方がいまして、周りのお坊さんに聞いてみたところ「幽霊を信じる・信じない」は五分五分だったそうです。仕事がら夜中に1人でお墓に行くこともあるし、心霊写真なるものを預かることもあるし、「幽霊が怖くては坊主は出来ない」のは確からしいのですが。

てなわけであくまでも希望的観測ではありますが、

日本の標準は、

「幽霊には、いて欲しい」

に決定いたしました。

節分の豆まきは…

ふと気がつきました。久しく豆まきしていないことに。なぜなんだろうと考えたのですが、豆をまいたあと拾わなければならないですよね。でも、別にそれが一番の理由ではない。じゃあ一番の理由は何かというと、「なんとなく」としかいいようがないんです。

子供がいるお父さんでも、節分だから早く帰って子供と一緒に豆まきする、という人もあまり聞きません。

気がつけば2月3日は過ぎていた、ということの方が多いかもしれません。そのころ街はバレンタイン一色です。節分らしさがあるとすれば幼稚園とか保育園くらいでしょうか。

いつから豆まきしなくなったのか。子供の頃は毎年してました。親元を離れて1人暮らしのときはもちろん1人豆まきはしてませんが、その前からも豆まきはしてませんでした。

あなたは今年、節分の豆まきをしましたか?

Let's VOTE

(1) した

(2) しない

……あなたはどっち?

集計結果（総投票数138票）

(1) した	44票
(2) しない	**94票**

節分に恵方巻き（太巻きのお寿司ですね）、これを食べるという習慣は急速に広がっているようです。割と近年になって海苔屋と寿司屋のキャンペーンから始まった習慣のようです。

その一方、豆まきはあまりされていません。

掃除が大変、というのもあります。大声を出すのが恥ずかしい、というのもあります。

忘れていた、仕事をしていた、という声もあります。どうやら、子供がいないとまずやることはないようです。

滅び行く伝統行事、というところでしょうか。

別に誰でもない、滅ぼしているのは他ならぬ我々です。

でも、たぶん来年も私は豆まきをしないと思います。

●●●

てなわけで日本古来の習慣ではありますが、

日本の標準は、

「節分に豆まきはしない」

に決定いたしました。

ラジオは聴いているか…

鴻上尚史がオールナイトニッポンをやっていたころ、「就職して東京に出るけれどこれからもラジオ聴きますね」というリスナーからの葉書に対して「でもね。大人になるとラジオ聴かなくなるんですよ」といっていました。大人になってみると彼のいうとおりでした。

あなたは、家でラジオを聴きますか？（AM・FA・短波・インターネットラジオかは問いません）

集計結果（総投票数131票）

(1)	聴く	53票
(2)	**聴かない**	**78票**

聴かなくなった、あるいははじめから聴かなかったという人には、あえて「おっ、これ聴いてみよう」っていう機会はないでしょうね。映画ならふだん見ない人でも広告見て「ん、これ面白そうだからたまには行ってみるか」ってことがあるかもしれないけれど。

でも、逆にいうと、それでもラジオは成り立っているし、4割の人が聴いてるんだから結構強いメディアなのでしょう。

●●●

最近は災害時の重要性が見直されているラジオですが、日本の標準は、

「家でラジオは聴かない」

に決定いたしました。

日本語入力の方式は…

私はかな入力なんですが、おかげで私のパソコンはほかの誰も使えないものになっています。かな入力をしているとわかりますが、パソコンソフトの作りは無意識にかな入力だと不便なようにできてます。パスワード入力の画面は「****」としか表示されませんから、何度かなで入力してエラーになったことか。さて、**あなたはローマ字入力ですか、かな入力ですか？**

集計結果（総投票数165票）

(1)	**ローマ字入力**	**141票**
(2)	どちらもやるが主にローマ字入力	4票
(3)	どちらもやるが主にかな入力	5票
(4)	かな入力	15票
(5)	親指シフト	0票
(6)	どちらも使わない	0票

ローマ字入力の人のコメントに妙な優越感と劣等感が見え隠れするのが面白かったですね。圧倒的マジョリティとしての優越感。そして、自分の知らない世界があるという劣等感（かな入力の人は英数入力自体は普通にできますから）。たかだか「Alt+カタカナ／ひらがな」で切り替えられる世界なんですけどね。

てなわけでかなりの大差で、

日本の標準は、

「日本語入力の方式はローマ字入力」

に決定いたしました。

日本の標準 ③

人の標準

日本の標準-③

体・年齢　編

Japanese Standard-③ People

Body & Age

「白髪を抜くと増える」とよくいいます。実験では白髪を抜くことと白髪の量の因果関係は認められなかったそうで、この話は迷信ということになります。まぁ、このように自分の体、自分の年齢のことでさえも、「本当はどうなんだっけ？」と思うことって結構あります。睡眠時間、指の長さ、そして感覚や記憶……まだまだ解き明かされていない「人間の神秘」(？)の標準に迫ってみましょう。

日本の標準③-1

へそのごまを取ると…

「へそのごまを取ると腹が痛くなる」というのは迷信だと信じて生きてきた。実際子どものころおそるおそる取ってみたら痛くならなかった。ところが友人に「いや、へそのごまを取ると腹が痛くなる」といわれ、自分の人生を一気に否定された気分になった。

というお便りをいただきました。

自らへそのごまを取っても腹が痛くならなかったにもかかわらず、この方は急速に自信を失ったようです。「へそのごまを取ると腹が痛くなる」というのは実は迷信ではなく、事実なのではないか。とすると、自分は特異体質なのではないか。

悩むことはありません。世の中には、アルコールを分解できない体質の人もいます。卵や牛乳を受けつけない人もいます。へそのごまを取っても腹が痛くならないくらいでなんですか。強く生きてください。

あなたは「へそのごまを取ると腹が痛くなる」と思いますか？

Let's VOTE

（1）痛くなると思う

（2）痛くなると思わない

……あなたはどっち？

そんなもん、痛くなるわけないじゃないですか。

……と思えば、意外や意外、「実際に痛くなった」という報告が数多く寄せられています。「皮膚を傷つけたことの痛みが妙に鈍く伝わる」「腹がジンジンして、前にかがめなくなった」「へそを中心とした内臓部分に痛みが走る」「腹痛と共に、下痢に襲われる」「2週間くらい膿が止まらなかった」……みんな症状は違いますが。

しかしまあ結果は結果ですので科学的根拠を模索してみますと……

・へそは目や耳と違い一見頑

集計結果（総投票数102票）

（1）痛くなると思う	**61票**
（2）痛くなると思わない	41票

丈そうなのでつい必要以上に力を入れてしまう。

・作業の間、腹を出しっぱなしのため、腹を冷やしてしまう。

というか、なんでそうまでしてごまを取る!?

●●●

てなわけで実は冷えているだけ？　……かもしれませんが、

日本の標準は、

「へそのごまを取ると腹が痛くなる」

に決定いたしました。

（正しいへそのごまの取り方は次のページで）

column

きれいになって気持ちいい！

痛くない、正しいへそのごまの取り方を教えます！

へそは、生まれたときに切り取ったへその緒のあと。そのあとは自然と凹んでいきます。でも凹んだところにはどうしてもゴミが溜まってしまうもの。窓のさんとか、部屋掃除でも同じですね。へそには汗やアカ、洋服から出るホコリ、体を洗ったときの石けんカス。こういったものがどんどん蓄積して、いわゆる「へそのごま」ができあがっていくのです。

これはつまりゴミなわけですから、みなさんもご存じの通り放っておくと当然臭いもします。でも、無理やりヘアピンや耳かきなどで中をホジホジしてはダメ。皮膚が傷ついてばい菌が入ってしまいます。もっとやさしい、正しいへそのごまの取り方をマスターすれば、お腹も痛くなりませんよ。

まずは仰向けになり、へその中にベビーオイルを数滴たらします。こうして約15分（絆創膏をしてしばらく放置するとさらに良い）くらいそのままの状態をキープ。すると、だんだん中の汚れが浮き出てきますので、それをめん棒でくるくると、そっと優しく拭き取るように掃除しましょう。

ところで、ここからはネット上でまことしやかに流れているお話。妊娠してお腹が大きくなり「へそのごま」が押し出されてきた、という女性がいたらしいです。この年代もの（20年）のごまをオークションに出したところ、98万円で売れたとか。

本当でしょうか？　もし本当なら、買った人の目的って……いったい何？

物をつまむ指は…

「何か物をつまむとき親指とどの指を使いますか？」という質問をいただきました。

さっそく手元にあったライターをつまんでみました。親指と、人差し指と中指を両方使いました。

「ライターだとある程度大きさがあるからかなぁ」と思い、今度は机の上に置いた10円玉をつまんでみました。今度は中指と親指です。

これ、コインによって違うんだろうかと財布から1円玉を取り出そうとしておや、と気がついた。別に10円だから1円だからという違いはないんですが、財布から取り出すときはまず人差し指で財布の中をまさぐってからつまむので人差し指と親指になったのです。

てなわけでつまむ物とシチュエーションによって違うので、こうしましょう。

「机の上の10円玉をつまむとき」

あなたはどの指でつまみますか？

Let's VOTE

(1) 人差し指と親指
(2) 中指と親指
(3) 薬指と親指
(4) 小指と親指
(5) 人差し指＋中指と親指
(6) 中指＋薬指と親指
(7) 上記以外の組合せ

……あなたはどれ？

集計結果（総投票数168票）	
(1) 人差し指と親指	70票
(2) 中指と親指	34票
(3) 薬指と親指	0票
(4) 小指と親指	1票
(5) 人差し指＋中指と親指	58票
(6) 中指＋薬指と親指	1票
(7) 上記以外の組合せ	4票

回答するみんなが「実は中指も使ってるよ！」と驚いていたので、自分も驚こうと思ったら、自分は人差し指と親指だけだったので驚けなかったという人がいます。では、こんなのはどうでしょう。

10円玉をいろんなところに置いてみてください。

かたいところ、やわらかいところ、広いところ、狭いところ。

そして、それをつまみ上げてください。

その指の動きをよく観察してください。

10円玉の代わりに、いろんな物をつまみ上げてください。

「つまむ」と同じ言葉で語られる動作が、決して1通りのメカニズムではないことがよくわかります。

我々の知らないところで、我々は指の動きを使い分けているのです。

・・・

てなわけで結構使う人が多い中指には申し訳ありませんが、

日本の標準は、

「机の上の10円玉をつまむのは人差し指と親指」

に決定いたしました。

尿意の我慢は…

今度の質問は、おそらく誰でも一度は経験のあることではないかと思います。

小便をどのくらい我慢できますか。

新宿駅で突然尿意をもよおした男がいまして、あわててトイレに駆け込もうとしたら、清掃中。なんの、トイレは1つではないと他のトイレに駆け込もうとしたら、ここも清掃中。こんな馬鹿なとまた別のトイレを探したら、ここも清掃中。広い新宿駅の行くトイレ行くトイレすべて清掃中。いったい何人がかりで掃除してるんだと地獄の苦しみの中で思ったそうな。

渋滞とか、トイレのない電車が事故を起こし、駅でも何でもないところで止まるとか、長時間にわたり我慢を強いられるケースもあるでしょう。

最初にトイレに行きたいと思ってから、最高で何分くらいなら我慢できますか？

（まあ、我慢できなきゃどうするかってのは別の問題ですけどね）

Let's VOTE

（1）5分
（2）15分
（3）30分
（4）45分
（5）1時間
（6）2時間
（7）3時間
（8）5時間

……あなたは何分（時間）？

一応標準は決まったのですがかなりばらつきがありますね、こりゃ。ほんに、人体はいろいろ。

しかし、3時間もガマンできる人がいるとは!? その上の5時間ガマンできる人というのは、いったいどういうボーコーをしているんでしょうか。

映画『タイタニック』を見に行って、氷山に当たったあたりでトイレに行きたくなったという気の毒な人がいます。なにしろこの後は水浸しの船内、沈没、海上のボートと水だらけのシーンの連続。かなり膀胱に悪い映画です。

集計結果（総投票数107票）			
（1）	5分……………8票	（5）	1時間………20票
（2）	15分…………4票	（6）	2時間………17票
（3）	**30分………25票**	（7）	3時間………20票
（4）	45分…………4票	（8）	5時間…………9票

まあ、映画の場合は最悪トイレに行けないことはないんですが、飛行機の機内でさてトイレに行こうかと思っていたら、天候が悪くてベルト着用サインが点灯。なかなか消えなかったりすると地獄のようですね。なおかつこの場合、着陸してもトイレにたどり着くにはバスに乗らねばならなかったりするんですよね。

●●●

てなわけで、とんでもなくボーコーの大きい人からほとんどガマンができない人までさまざまいらっしゃいますが、

日本の標準は、

「尿意を我慢できるのは30分」

に決定いたしました。

column

あなたの膀胱は鍛えられる!

尿意を我慢する時間は、延ばすことが可能!

最近、尿漏れの飲み薬や女性用のシートなどのCMを目にします。以前は恥ずかしくて口にできなかったけれど、実はみんなも同じなんだから……といったもの。確かに誰でも、年齢と共に尿意をガマンできる機能は弱まっていくようです。とある大人用オムツメーカーサイトによれば……尿もれが気になってこまめに、早め早めにトイレに行き続けていると、膀胱はだんだん小さくなってしまうのだとか。胃も同じようなことを聞きますよね。こうして膀胱が小さくなると尿がためにくくなって、さらに尿意が近くなるというわけ。

逆に、膀胱はガマンをすると広がるのだそうです。なので、尿意がやってきてもすぐにトイレに行かずに、少～しガマン。尿意の波が何度目かに訪れたら、慌てず急がずトイレへ行く。これを繰り返しているうちに、膀胱に尿をためられるようになり、尿意をガマンできる時間を延ばすことができるのです！

ちなみに、尿を我慢できるようになるには、男女とも「性器と肛門とを一緒に締めたり緩めたりする」という訓練方法があります。真面目な話です。ぜひ試してみてくださいね。

人差し指と薬指の長さは…

両手を見てください。人差し指と薬指はどちらが長いですか？
「人差し指に決まってるだろ」と思うかも知れませんが、よく見てください。
「そんなのみんな一緒じゃないの？」と思うかも知れませんが、違うんですねえ、これが。

さて基準を明確にしましょう。双方中指側のつけねを起点にします。ここから指の先までの長さで決めます。

片手を見ただけで油断しないでください。右手と左手でも違ったりしますからね。筆者は左手は薬指が圧勝してますが、右手は薬指がやっとこさかろうじて勝ってます。

たぶん右は人差し指のほうが長いけれど左は薬指のほうが長いって人もいるでしょう。

あなたは人差し指と薬指のどちらが長いですか？

Let's VOTE

(1) 人差し指
(2) 薬指
(3) 同じ
(4) 左右で違う

……あなたはどれ？

集計結果（総投票数115票）

(1) 人差し指	15票
(2) 薬指	**73票**
(3) 同じ	8票
(4) 左右で違う	19票

結構皆さん驚いてましたね。

人の指の長さなんてしげしげと見たことがないのは当たり前ですが、自分の指だってそうは見ませんよね。

「なんとなく人差し指のほうが長いと思いこんでいたが、今回改めてよく見たら実は薬指のほうが長かった」という人がかなりいます。

左右で違うというのも考えても見なかったようですが、ご覧の通り決して珍しくはありません。

ちなみに、手のひらから見るのと手の甲から見るので長さが違うという声が多かったのですが、手の甲から見ると手首をひねる形になりますからね。指のつけ根の位置が薬指側のほうが上になり、薬指のほうが長く見えます。比べるときは手のひらから見たほうがいいです。

●●●

てなわけでそんなこと今まで気にしたことない人が多くいましたが、

日本の標準は、

「人差し指より薬指のほうが長い」

に決定いたしました。

睡眠時間はどれくらい必要か…

とある老学者が息子にふと話したそうです。

最近自分の眠りがだんだん長くなっている気がする、と。

興味を持った息子がその日、父親の睡眠時間を計ってみました。ちょうど8時間でした。

翌日息子がまた計ると、この日は9時間でした。

さらに次の日は、10時間でした。

老学者の眠りは毎日1時間ずつ延びてゆき、21時間、22時間、そしてついに23時間になりました。

そして次の日。老学者は帰らぬ人となりました。

実際問題、何時間くらい寝るのがいいんでしょうか。8時間。それとも6時間。「人生3分の1は布団」というのと、「人生4分の1は布団」というのではだいぶ違いますね。


あなたは睡眠は1日何時間必要だと思いますか？

(実際何時間寝てるか、ではありませんよ)

Let's VOTE

（1）1時間
（2）2時間
（3）3時間
（4）4時間
（5）5時間
（6）6時間
（7）7時間
（8）8時間
（9）9時間
（10）10時間以上

……あなたは何時間？

レム睡眠とノンレム睡眠は1時間半程度の周期らしいので、その倍数の睡眠時間がいいんだ、という回答をいくつかもらいました。

もっとも、その回答は人によって6時間だったり7．5時間（を四捨五入して8時間）だったり9時間だったりするのですが。

あるいは過去の実績から3時間、これでちゃんと生きてたから大丈夫といい切る人がいます。続けて曰く、「今となっては絶対無理ですが」。

そんな中で「8時間」が圧倒的支持を集めました。

といってもその根拠を示せ

集計結果（総投票数86票）

（1）1時間	…………1票	（6）6時間	………18票
（2）2時間	…………0票	（7）7時間	………13票
（3）3時間	…………2票	**（8）8時間**	**……42票**
（4）4時間	…………0票	（9）9時間	…………6票
（5）5時間	…………0票	（10）10時間以上	…4票

る人はあまりいなかったんですが、1人だけ出典を明示した方がいます。

なんでも小学校の夏休みのしおりに「1日8時間寝ましょう」と書いてあったそうです。

•••

てなわけで科学的根拠とは何も関係ありませんが、

日本の標準は、

「必要な睡眠時間は8時間」

に決定いたしました。

（では実際には、皆さん何時間寝ているのでしょう？
答えは次のページ）

実際の睡眠時間は…

てなわけで、今度は「実際の睡眠時間」です。平日の睡眠時間をお答えください。カレンダー通りの休みではない人も多いので、平日というのは、各自の解釈にお任せします。希望の睡眠時間と実際とはどれくらい違うのか見ものですね。

さて、あなたの平均睡眠時間は何時間ですか？

集計結果（総投票数76票）

(1) 1時間 ……0票	**(6) 6時間 … 27票**
(2) 2時間 ……0票	(7) 7時間 ……9票
(3) 3時間 ……1票	(8) 8時間……12票
(4) 4時間 ……6票	(9) 9時間 ……3票
(5) 5時間……14票	(10) 10時間以上 … 4票

理論編より平均1時間以上短くなってますね。中には1日3時間、それも、「1時間半ずつ2度に分けて寝ている」という過酷な回答がありました。「夜を寝て過ごすのがすごくもったいないような気がする」という声もあります。それを裏付けるような回答もありまして、仕事がたまに0時以前に終わると「今日は早いから飲みに行こう」ってなっちゃうんだそうです。……それ、早くないって。

てなわけで睡眠不足気味かもしれませんが、**日本の標準は、**

「平日の睡眠時間は6時間」に決定いたしました。

小さいときの記憶は…

どのくらい昔のことを思い出せますか。

どうも小さいときの記憶ってあるにはあるんだけど、それが何歳だったかってのが思い出せませんね。

ほら、小学校に入ってしまえば担任の先生が変わったりクラスメイトが変わったりで周りの環境が変わるじゃないですか。それと関連づけて、「ああこれは何年生のときのことだ」ってのがわりとはっきりと思い出せるんですけど、幼稚園に行く前って基本的には家族と自分だけの世界じゃないですか。記憶はあっても、それが何歳なのか、手がかりがないんですよ。

そんなわけできっちり何歳かは覚えてなくても、このくらいだったんじゃないかなという記憶で結構です。


あなたの記憶の中で、一番小さいときの記憶は何歳のときですか？

Let's VOTE

（1） 1歳
（2） 2歳
（3） 3歳
（4） 4歳
（5） 5歳
（6） 6歳
（7） その他

……あなたは何歳？

「3歳」という答えが一番多かったわけですが、これは「弟、妹が生まれた」「幼稚園の入園」といった記憶と合わせて残っている人が多いようですね。

変わったところでは母親のお乳を吸っていて「これに噛みついたらどうなるだろう…‥」とふと思ってガブッとやった、というのを覚えている人がいます。……1歳未満ってこと？　すごすぎる記憶です。

さて、特定の世代限定ではありますが、「大阪万博が最初の記憶」という人がかなりいました。

集計結果（総投票数129票）		
(1)	1歳	6票
(2)	2歳	29票
(3)	3歳	45票
(4)	4歳	31票
(5)	5歳	13票
(6)	6歳	3票
(7)	その他	2票

それ以外の社会的イベントが最初の記憶という人は案外少なくて、「伊勢湾台風」という人が1人いた程度です。やはり社会的影響が大きかった出来事は、記憶に残るということですね。

●●●

てなわけで記憶自体が本当に正しいかどうかさておいて、

日本の標準は、

「一番小さいときの記憶は3歳のとき」

に決定いたしました。

（あとで親から聞かされた話を自分の記憶としてとらえている後づけの記憶もあるかもしれませんが）

自分の寿命は…

平均寿命は長くなりつつありますが、その分高齢化社会になり、老後にさまざまな不安がないわけではありません。

そんな社会の中で、**あなたは自分が何歳まで生きると思いますか？**

（10歳刻みだと80代が標準であっさり決まりそうな気がするので、5歳刻みにしましょう）

集計結果（総投票数125票）

（1）60歳未満…17票	（6）80代前半…19票
（2）60代前半… 7票	（7）80代後半…10票
（3）60代後半…19票	（8）90代前半… 4票
（4）70代前半…22票	（9）90代後半… 2票
（5）70代後半…16票	（10）100歳以上… 9票

平均寿命よりだいぶ短いですね。この投票の最中にちょうど82歳の伯父が亡くなって通夜に行ってきました。集まった親戚も70代中心ですので、どこそこにお墓を買ったよ、なんて話を楽しくしていたりするのです。たぶん今回投票してくれた方々というのはまだ年齢としては死も怖いが老いも怖い、という方が多いのでしょう。でも、実際に老いてみると、なんだ、老いはそんなに怖くないじゃないかと思えるのかも知れませんね。

…てなわけでもっと長生きはしてほしいですが、

日本の標準は、

「自分は70代前半まで生きると思う」

に決定いたしました。

初めてのお酒は…

「初めてお酒を飲んだのは何歳のときか」というのが今回の問題です。

もちろん法律では20歳まで禁止になってますが、このくらい守られていない法律も珍しい。

誰ですか今「えっ、お酒って18歳以上じゃなかったっけ」と思ったのは。

よく大学の新歓コンパで一気飲みし、急性アルコール中毒でぶっ倒れるという事件が起きますが、大学の新入生といったら大半は18歳か19歳なのに、そのコンパで誰か捕まったという話は聞きません。

ですから、ほとんどの人は20歳以前に一度は飲んでるんじゃないかと思うのですが。

よく小さい子供に、親が面白がってビールを飲ませたりしますよね。

……しない？　うちの親だけかな。

まあ、そういう保護者同伴のケースはちょっとのけておきましょう。友達同士で、または缶ビールを買ってきて1人で飲んだという経験です。

さて、**あなたが初めてお酒を飲んだのはいつですか？**

Let's VOTE

（1）～12歳

（2）13歳～15歳

（3）15歳～17歳

（4）18歳～19歳

（5）20歳過ぎてから

（6）まだ

……あなたはいつ？

小学校で初めてお酒を飲んだというのは、「好奇心で飲んだ」「親の酒をかすめ取った」という場合がほとんどです。

中学・高校になると、「文化祭の打ち上げで飲んだ」「卒業式の後に飲んだ」というのが増えます。

それを過ぎると、やはり大学・会社の新歓コンパでとどめとなり、ここでほとんどの人がお酒を飲むようです。

大学の新歓コンパまでお酒を飲んだことがない、というのはわりと真面目な人だと思いますが、それでも法律違反です。

集計結果（総投票数50票）

(1) ～12歳 …… 15票	(4) 18歳～19歳… 12票
(2) 13歳～15歳… 11票	(5) 20歳過ぎてから… 2票
(3) 15歳～17歳 … 9票	(6) まだ …………… 1票

ちなみに「20歳過ぎてから」に投票した方のうち1人は、2浪したため新歓コンパのとき、すでに20歳になっていたからだそうです。

ゆるそうな法律ですが、違反は違反。未成年者飲酒禁止法違反の検挙も地道に行われているのです。

●●●

てなわけでもちろん法律では禁止されていますが、

日本の標準は、

「お酒を初めて飲んだのは12歳以下のとき」

に決定いたしました。

（でも、その年からずっと飲み続けてる、という話はあまり聞きませんね）

胴上げをされた経験は…

プロ野球の優勝で胴上げをされる監督は広い日本に2人だけですが、もちろん野球の優勝でなくても胴上げは幅広く行われています。

結婚式の二次会とかでよくしません？　あ、そういえば私もしたことはあるけれど、されたことはありませんね……。

さて、あなたは胴上げをされたことがありますか？

集計結果（総投票数129票）

(1) ある	41票
(2) ない	**88票**

胴上げ経験者はかなりの少数派かな、と思ったのですが、どうしてどうして、いいところまで追い上げました。「胴上げの由来は平安時代にさかのぼる……」というような本があればいいのですが、あいにくそのような本は見つからず、由来はわかりませんでした。おそらく祭りのみこしがこわれたんで、そこらへん歩いてたやつを捕まえてみこしの代わりにした、てなところが起源かと勝手に思っているのですが。

●●●

てなわけで、誰かを胴上げするイベントもそうは多くないということで、**日本の標準は、「胴上げをされた経験はない」に決定いたしました。**

日本の標準 ③-11

おじさん・おばさんの開始は…

今度の質問は、妙な拒否反応が予想されます。「おばさん」または「おじさん」と呼ばれるのは何歳から、という調査です。

本来おじさんおばさんというのはネガティブな言葉ではないはずなのですが、世間一般にはそうでもないようなので、とりあえず自分の年齢のことは忘れてください。

周りに「おばさんといわれちゃった」と憤ってる人がいて、「おまえその年ならいわれたってしょうがないだろー」と思える年齢。

自分の子供が人に「おじさん」と話しかけて、別に無礼だとは思わない年齢です。

おじさんおばさんって、何歳からだと思いますか？

（なお、血縁関係を示す「おじさん・おばさん（叔父・伯父・叔母・伯母）」は年齢と関係ありませんので別とします。あくまで他人に対して使う「小父さん・小母さん」の話です）

Let's VOTE

（1）18歳	（6）30歳
（2）20歳	（7）32歳
（3）22歳	（8）35歳
（4）25歳	（9）37歳
（5）27歳	（10）40歳

……あなたは何歳から？

集計結果（総投票数139票）

（1）18歳	2票	**（6）30歳**	**47票**
（2）20歳	4票	（7）32歳	4票
（3）22歳	1票	（8）35歳	38票
（4）25歳	1票	（9）37歳	2票
（5）27歳	3票	（10）40歳	37票

いやはや、回答者の皆さんが「おじさん・おばさん」って言葉を毛嫌いすることといったら……。ほとんど差別用語扱いですね。

うちの近所の子供なんか、うちに子供がいないのを知ってても「佐野さんちのおとうさん」とかいったりしますが、あれは「おじさん」という言葉を意図的か無意識か避けているのですね。

漢字の「老」なんてのは本来はたいそういい意味でして、江戸幕府の大老とかのように「リスペクトされるべき人」って意味があるはずなのですが、最近は何かにつけて「老」の字を避けようとしてますね。「シルバーなんとか」って具合に。

この、「年をとるというのはいけないことだ」という共通認識はどこからきてるんでしょうね。

●●●

てなわけで皆さんに毛嫌いされている言葉ではありますが、

日本の標準は、

「おじさん・おばさんは30歳から」

に決定いたしました。

なりたい年齢は…

もし今、自分の年齢が自由に変えられるとしたら、何歳になりたいでしょうか。

ある人は高校時代に戻りたいかもしれないし、ある人は20歳ぐらいがいいかもしれない。

ただ、これには2通りのパターンがありまして、3歳になれるとして、「自分が3歳だった時代の3歳に戻る」のと、「今の時代のままで3歳になる」のがあるわけです。まあ、それはどちらでもよいとしておきましょう。

さらにもう2通りのパターンがあって、現在までの経験、記憶を持ったままその年になるのと、現在の記憶はみーんな忘れてその年になるのと。まあ、これも好きな方でかまいません。

さて、**あなたはなれるとしたら何歳になりたいですか？**

（それがあなたにとって過去なのか現在なのか未来なのかは問いません）

Let's VOTE

（1）10歳未満
（2）10代前半
（3）10代後半
（4）20代前半
（5）20代後半
（6）30代
（7）40代
（8）50代
（9）60代
（10）70代以上

……あなたは何歳？

集計結果（総投票数55票）

(1) 10歳未満	9票	(6) 30代	2票
(2) 10代前半	5票	(7) 40代	1票
(3) 10代後半	**22票**	(8) 50代	0票
(4) 20代前半	11票	(9) 60代	0票
(5) 20代後半	4票	(10) 70代以上	1票

（3）の10代後半に投票した人のコメントから。

いちばん輝いてました。

こころときめいていた頃だから。

徹夜電話に耐える体力。

高校生活の3年間をもう一度生きられるなら残りすべての寿命と引き換えても構わないと願った頃もあった。

今考えるとあの頃はなんてもったいないことをしていたんだろうと思うことがいろいろある。

……お肌のトラブルも少なかったし、遊ぶパワーもあった。

うーん、みんな、中間試験とか期末試験とか都合の悪いことは忘れてるんじゃないかなあ。そういうことがあったとしても、やっぱり10代後半に戻りたいんでしょうかね……。

●●●

てなわけで都合の悪いことは横に置いておいて、

日本の標準は、

「なりたい年齢は10代後半」

に決定いたしました。

初恋の頃は…

「みなさんの初恋について教えてください」というご質問をいただきました。

何歳頃で、相手はどなた、例えば同じクラスの、近所の、サークルのあの子……。

と、いろいろなシチュエーションはあるかと思いますが、今回答えていただくのは、ずばり年齢といたしましょう。

あなたの初恋はいつ頃ですか？

（といっても、あなたが「初恋」という言葉でイメージするものと私が「初恋」という言葉でイメージするものは違うと思います。それでかまいません。どうなったら初恋、という基準もありません。

あなたが自分で、これが初恋だと思う、そんな時期を答えてください）

Let's VOTE

（1）就学前
（2）小学校１～３年のとき
（3）小学校４～６年のとき
（4）中学校のとき
（5）高校のとき
（6）その他

……あなたはいつ頃？

集計結果（総投票数123票）

(1) 就学前	27票
(2) 小学校1～3年のとき	34票
(3) 小学校4～6年のとき	**35票**
(4) 中学校のとき	16票
(5) 高校のとき	4票
(6) その他	7票

クラス替えしてから気になりだした、いいなと思ってたら同じクラスになった、クラスが替わってから何も言えなかった……。

クラス替えにドラマがあった人も少なくありません。

村下孝蔵の「初恋」という曲があります。

あの歌の主人公はいったいいくつくらいなのか。なんとなく中学生くらいをイメージしていたんですが、歌詞をよく見ると一応学校が舞台になっているものの世代を特定するものは何も出てこないんですね。

「愛」という字を書くところがあるから小学校1年生ではないな、程度はわかりますが。

聞く人によってそれぞれのイメージがあるかもしれませんね。

●●●

てなわけでもっとマセていた（？）方もいらっしゃいますが、

日本の標準は、

「初恋は小学校4～6年のとき」

に決定いたしました。

少女は何歳までか…

「少女」という言葉はよく使われるわりに、あまり日常生活の中で特定の人を指して「向こうから歩いてくる少女がいるじゃないですか」とはいいません。なぜかこういうときは「女の子」っていうんだな。

じゃあどんなときに使うかというと、例えば小説やドラマのタイトルがそうです。

「アルプスの少女ハイジ」ですとか、「時をかける少女」ですとか、「不良少女と呼ばれて」ですとか。

しかし、同じ少女といってもハイジと「時をかける少女」の主人公では年が違いすぎるではないですか。

いったい少女とは、何歳くらいまでをいうのでしょうか？

もちろん「私は今でも少女のつもりです」という女性の方もいるかとは思いますが、そりゃま60歳の少女もいれば13歳のおばさんもいることは知っていますが、あくまで一般論として。

「少女」といったとき、あなたは何歳までだと思いますか？

Let's VOTE

（1）11歳まで
（2）12歳まで
（3）13歳まで
（4）14歳まで
（5）15歳まで
（6）16歳まで
（7）17歳まで
（8）18歳まで
（9）19歳まで
（10）20歳まで
（11）その他

……あなたは何歳まで？

集計結果（総投票数48票）

（1）11歳まで ……2票	（7）17歳まで ……3票
（2）12歳まで ……4票	（8）18歳まで ……3票
（3）13歳まで ……6票	（9）19歳まで ……1票
（4）14歳まで ……2票	（10）20歳まで ……1票
（5）15歳まで… 19票	（11）その他…………2票
（6）16歳まで ……5票	

性的成熟をもって、少女時代の終了と見た方が圧倒的でした。

確かに単に「少女」というと15歳くらいかなって気がするのですが、「少女」の前に何かつけてみましょう。「不良少女」「おたく少女」「文学少女」……なんだか少し年齢が上がる気がするでしょう。なぜだ。ある意味現実感のない言葉なのかも知れませんね。

なお、新聞記事でいう「少女」は、少年法の対象ですから19歳までになります。では広辞苑ではどうだろうと調べてみました。

「(1) おとめ。むすめ。」はいいとして
「(2) 大宝令で17歳以上20歳以下の女子の称」
となっています。昔過ぎて参考にならん。

●●●

てなわけで「私はまだ少女よ」と自分では思っている方もいらっしゃるかもしれませんが、**日本の標準は、**

「少女と呼べるのは15歳まで」

に決定いたしました。

いい年っていくつ…

30歳をすぎてゲームにハマっている人というのは別に珍しくありません。しかし、そんな男がある日たまたまゲームの裏技を見つけまして。ゲーム雑誌に投稿しようと勢い込んだのですが、他の投稿者の年齢、(10)とか(13)を見て、「いい年してみっともないかな……」とすんでのところで思いとどまったそうです。

そんなふうによく「いい年をして」という言葉を使いますが、果たしてこの「いい年」というのはいくつぐらいのことなんでしょうか。

あれも妙なもので、「いい年」はあるのですが「悪い年」「いけない年」ってのはないですね。

「まあ、おじいちゃんたらいい年をして子供を作って」というほほえましい使用例もありますので一概には言えないのですが、ここはひとつ「いい年をした人間がみっともない……」という用例から受ける印象とまいりましょう。

あなたは「いい年」というのはいくつぐらいだと思いますか？

Let's VOTE

（この問題は選択肢なしの自由回答です）

……あなたはいつぐらい？

集計結果（総投票数85票）

（1）	30歳	34票	
（2）	25歳	32票	
（3）	18歳	5票	
（4）	22歳	5票	
（5）	見た目が老けた人	3票	
（6）	40歳	3票	
（7）	20歳	1票	
（8）	15歳	1票	
（9）	27歳	1票	

30歳に投票してくれた人ですが、「なにかに一生懸命になってる自分が〝ばっかみたい〟と思うようになったとき」、という答えがありました。なるほどねえ。

まあ、だいたいの共通認識として大人になって分別がつくべき年齢、ということで回答をいただいているわけです。つまりは、人から「まあ、まだ若いから」と目こぼししてもらえない年齢ということですね。

しかしこうしてみるとやっぱり「大人になる年齢」ってのが遅くなってるのかしらん？　だとすれば、高齢化社会にむけていっそ「成人」を30歳に引き上げるというのはどうだろう。

●●●

てなわけで気持ちは若いつもりでも社会的には、

日本の標準は、

「『いい年をして』とは30歳以上を指す」

に決定いたしました。

晩婚適齢期は…

最近「晩婚」って言葉使わなくなったなぁ。と、しみじみ思うわけです。その昔、といっても20年くらい前だけど、「女性はクリスマスケーキ」という言葉がありました。つまり、クリスマスケーキって24日までは売れるけれど、25日過ぎたら売り物にならない。女性も24歳までが適齢期、というわけです。

いま聞くと信じられない言葉でしょ。その性差別表現もさることながら、いま女性で24歳までに結婚といったらかなり早いほうですよ。まあ、地域や環境によってもだいぶ違うとは思いますが。

てなわけで、「晩婚」といったら何歳以上での結婚だと思いますか?

(結婚適齢期に性差がなくなりつつあるので特に性別は限定しませんが、男性と女性で違うと思う方は若いほうの年齢を答えてください)

Let's VOTE

(1) 25歳以上
(2) 30歳以上
(3) 35歳以上
(4) 40歳以上
(5) 45歳以上
(6) 50歳以上
(7) 55歳以上
(8) 60歳以上

……あなたは何歳以上?

集計結果（総投票数46票）

(1) 25歳以上	……2票	(5) 45歳以上	……1票
(2) 30歳以上	……11票	(6) 50歳以上	……1票
(3) 35歳以上	**…20票**	(7) 55歳以上	……0票
(4) 40歳以上	……11票	(8) 60歳以上	……0票

「若いほうが子育ては楽だ」というのはよくいわれるところです。60歳で定年になるとして、それまでに子供が大学を卒業するためには、まっすぐ行っても38のときには子供が生まれていなくてはならない。ということは、37歳で結婚しなければならないことになります（そりゃあまあ、別にこの順序のとおりでなくてもいいんだけど）。子供を作らないなら、関係ないんですけどね。

ところで今回の投票傾向、未婚者の場合は「本人の現在の年齢＋10」。既婚者の場合「結婚当時の年齢＋10」くらいで「算出」できるという説があります。なるほど。

●●●

てなわけで結婚したい人、したくない人、いろいろいらっしゃるかとは思いますが、

日本の標準は、

「晩婚は35歳以上」

に決定いたしました。

青春の上限は…

「少女は15歳まで」、「おじさん・おばさんは30歳から」に決まったわけですが、では「青春って何歳まで」でしょう？

青春ドラマってのが昔ありましたね。森田健作とか村野武憲が生徒役や先生役をやっていた頃のドラマ。もうちょっと時代が下ると中村雅俊でしょうか。

ちなみに「飛び出せ！青春」が放送されていたころ村野武憲は28歳、「ゆうひが丘の総理大臣」のとき中村雅俊もやはり28歳。このくらいの年だと青春といえなくはないかという気もしますが、キャラクターにもよるでしょうね。

「金八先生」なんかは学園ドラマという別のジャンルのような気がしますしね。いずれにしろあまり最近「青春ドラマ」って聞きませんね。実体としては該当するドラマはあるのかもしれないけど、言葉としては使いませんね。

さて、青春の巨匠・森田健作のことは忘れましょう。

あなたは青春って何歳までだと思いますか？

Let's VOTE

（この問題は選択肢なしの自由回答です。一応回答の書き方は数字のみを推奨しますが、別に違う書き方をしても止めません）

……あなたは何歳まで？

一番最初の回答こそ「さすがに30歳過ぎると青春はね〜」という冷静な書き込みだったのですが、次の回答が、

「真っ赤に燃える夕日を窓から見ながら考えごとしていれば、どんな人でも青春してる」

といきなり熱く燃えたぎってしまい、あとはもう、

「2度目の青春はいわゆる老年に差し掛かる直前頃だ」

「『道に迷っているとき』が青春だ!」

「自分が向上するのをやめたときが青春の終わりです」

おーい、皆さんしっかりしてください。本物の若者は自

集計結果（総投票数51票）		
（1）	本人がそう思ってる限り続く	14票
（2）	青春だったりそうでなかったり（気分）	8票
（3）	22歳	7票
（4）	30歳	5票
（5）	無制限	5票
（6）	18歳	3票
（7）	24歳	3票
（8）	青春は2度ある	2票
（9）	こういうことを話題にしない	2票
（10）	あの頃は若かったと思った時	2票

分で「青春だ」とはいいませんよ。

そんな中で「18歳まで」と答えた人のコメント。

「青春は終わってからがまた楽しかったりするしね」

●●●

てなわけでかなり希望的観測が含まれてはおりますが、

日本の標準は、

「青春は本人がそう思ってる限り続く」

に決定いたしました。痛い……。

column

初婚年齢平均は年々上昇。

当然、晩婚年齢の平均だって年々上がっているんです！

厚生労働省調査を見ると、日本人の平均初婚年齢は、平成16年では、男性は、29.6歳、女性は27. 8歳となっています。これはもう、ほぼ30歳と言ってもよいのでは？？

以前は現在の初婚年齢あたりが晩婚だと言われた時代もあったわけで……。

ただ興味深いことに、この初婚年齢、昭和元年には男性が27.1歳、女性が23.1歳となっています。つまり女性のほうが平均初婚年齢の上昇の幅が大きいのです。

男性が働くというスタイルは昔からそう変わらないので男性には大きな幅がなく、女性は社会進出したことが平均初婚年齢の上昇に大きく影響しているようです。

初婚年齢は、東京、神奈川など都心部ではとくに全国平均よりも高い結果が出ています。都心では恋愛や結婚以上に、仕事や趣味に精力を傾ける若者が多いってことでしょうか。

30歳が晩婚と言われていた時代は、もう昔の話。現在の「日本の標準」では、「晩婚は35歳以上」としていますが、いまだに30歳が晩婚という意識の人も結構いるようで。平均初婚年齢が上がれば、当然平均晩婚年齢も上がっていいはずなんですよね。ちなみに、平成元年は、男性28. 5歳、女性25. 8歳が平均。このころからもだいぶ上がっていること考えると、あと20年くらいで、平均初婚年齢は30歳以上になっているということになりますね……。

常時結婚指輪は…

たまにいますよね。太って抜けなくなって、選択の余地なく常時結婚指輪になってしまった人。

逆のこともありますよね。はずしていたら、太って入らなくなった人。

まあ太る太らないは関係なく、既婚の方も未婚の方も。

結婚指輪って、結婚したら毎日つけるものだと思いますか？

集計結果（総投票数118票）	
（1）毎日つけるものだと思う	……49票
（2）毎日つけるものとは思わない	**…69票**

まあ、冷静に考えると、なくても困らなかったりするわけです。

合理性を突き詰めていけば「つけない」ほうに分がありそうですが、そこはそれ、伝統の力。４割以上が「つける」を支持しています。

●●●

てなわけで結婚指輪は持っていても、

日本の標準は、

「結婚指輪は毎日つけるものとは思わない」

に決定いたしました。

日本の標準-③
行動・言葉　編
Japanese Standard-③ People
Action & Language

エスカレーターを歩く人用に、片側を空けるというルールは定着しているようです。東京ではもっぱら、じっと立っている人は左側に立ちますが、大阪や仙台では逆です。このルールはもともとは関西で定着して、関東に伝わったようですが、どこか途中で逆になっちゃったんですね。いつもの普通が、別の地域に行くと、マナー違反になるなんて……！　自分では当たり前だと思ってとった行動や言動も、意外とあやしかったりするんですよ。

エスカレーターでの行動は…

最近駅のエスカレーター事情がちょっと変わってきていることにお気づきでしょうか。

バリアフリー対応もあって、階段を無理矢理エスカレーターに改装するケースが増えています。もともとの階段の幅が広ければよいのですが、狭いところでは階段なしでエスカレーターだけになります。

エスカレーターはどうしても階段より狭くなりますので、ラッシュ時にはエスカレーターの上を歩かないと人をさばききれなくなります。

そういったすし詰めエスカレーターではなく、もっと余裕のあるエスカレーターを思い浮かべてください。

あなたは下りのエスカレーターに乗っています。重い荷物は持っていません。体調良好。特に急ぐ理由はありません。あなたの前は空いていて、「危険ですのでエスカレーターで歩かないでください」とかいう案内もありません。

あなたはこのエスカレーターを歩きますか？

Let's VOTE

(1) 歩く

(2) 歩かない

……あなたはどっち？

はーっ。ここまで考え方自体が真っ二つに割れるというのも珍しいですね。「歩く」派と「歩かない」派の間に接点が見つからない……。

「急いでないのに歩く必要がない」というのが「歩かない」派の代表的な意見。「あれは速く移動するための道具である」というのが「歩く」派の代表的な声。

「エスカレーターで歩くのって、なんか貧乏くさい」という声もあれば、「エスカレーターの上で止まるって屍じゃないんだから」という人もいる。「エスカレーターのちんたらしたスピードに我慢できない」という人もいれば、「そんなに急いだところで、地元のＪＲは1時間に1本だ」という悲しい声も。

ふだんは歩いてるけれど、誰も乗っていないエスカレーターだとなぜか立ち止まってしまうという人がいます。思うに、歩くのは早く進みたいからではなく、「他人を追い越したいだけなのではないか」とおっしゃるのですが、それはあるかも。

人数的にもほぼ互角。エスカレーターの半分は歩く人用、半分は歩かない人用、歩く人用の方が流動率が高いのでちょっと多い、まさに計算はあっております。今の比率が変わらない限り日本は平和でしょう。この比率が崩れたら、やっかいなことになるかもしれません。

集計結果（総投票数111票）	
（1）歩く	58票
（2）歩かない	53票

てなわけで意見はほぼ真っ二つに分かれましたが、**日本の標準は、**

「エスカレーターは歩く」

に決定いたしました。

親バカ年賀状の限度は…

あなたのもとにこんな年賀状が来たとしましょう。

「長男も係長に出世し、忙しい日々を送っております」

そしてバーンと大きく、30歳になったその長男の写真。

こいつは何者なんだ？　とあなたは感じるでしょう。でも、待ってください。

「生まれました、はじめまして」

といった年賀状はごちゃまんと来ているのですよ。なぜ前者は変で、後者は変じゃないか。それは、0歳から30歳までの間のどこかに、この年を過ぎたら子供を年賀状に使うのは変だという年齢があるからです。

あ、「子供の写真の年賀状は嫌いだ」というのはまた別の問題ですよ。変か変じゃないかの問題。

自分で子供の写真ハガキを出したことがある人もない人も、
子供がいくつを過ぎたら「その子の写真を年賀状に使うのは変だ」と思いますか？

Let's VOTE

（1）3歳
（2）5歳
（3）7歳
（4）9歳
（5）11歳
（6）13歳
（7）15歳
（8）17歳
（9）19歳
（10）22歳
（11）30歳

……あなたは何番？

集計結果（総投票数99票）

（1）3歳	18票	（7）15歳	1票
（2）5歳	21票	（8）17歳	3票
（3）7歳	**25票**	（9）19歳	5票
（4）9歳	7票	（10）22歳	1票
（5）11歳	3票	（11）30歳	2票
（6）13歳	13票		

七五三が1つの目安のようです。

まあ、知り合いなのは送ってきた親であって、その人の子どものことなんかよく知らないですからね。かわいいうちならまだしも、だいぶ成長した子供の写真を送られてもね……。

今回あえて「何歳でもだめ」という選択肢は作りませんでした。それでも当然「何歳でもだめ」という人はいるわけで、写真入り年賀状を支持する人の声は、今回小さかったようです。

●●●

てなわけで自分の子供を人に見せたい気持ちもわからないわけじゃありませんが、

日本の標準は、

「子供の写真を年賀状に使っていいのは7歳まで」

に決定いたしました。

タクシーか徒歩か…

目的地が駅から離れていたり場所がわからなかったりすると、とりあえずタクシーで行こうかということになります。ではどのくらい離れたら乗るのか、というのが今回の問題です。

「荷物が多いとき」「暑いとき」「道がわからないとき」「とりあえず4人いるとき」など、条件によってタクシーを使う使わないは変わってきますので、シチュエーションを決めましょう。

・季節は秋、天気は曇り
・目的地までは他の交通機関はなく
・当然会社のタクシーチケットは持っておらず
・急ぎではないがそうのんびりもしていない
・タクシー乗り場には行列はなく
・大荷物はかかえておらず
・もちろん、タクシー代程度は持っている

さて、あなたは何キロまでなら歩きますか?

Let's VOTE

(1) 300mまで
(2) 500mまで
(3) 700mまで
(4) 1kmまで
(5) 2kmまで
(6) 3kmまで
(7) 4kmまで
(8) 5kmまで
(9) 10kmまで
(10) 10km以上

……あなたはどこまで?

集計結果（総投票数104票）

（1）300mまで……0票	（6）3kmまで……16票
（2）500mまで……1票	（7）4kmまで……5票
（3）700mまで……4票	（8）5kmまで……8票
（4）1kmまで……21票	（9）10kmまで……2票
（5）2kmまで…47票	（10）10km以上……0票

「歩くのが好き」という方でも道がわからないとか、車の往来が激しいとかで、1キロでタクシーを使ってしまうことがあるようです。

かと思うと、「タクシーの運転手にグチられやすい体質なので5キロを越えないとタクシーに乗らない」という方がいらっしゃいます。そういう体質ってあるんでしょうか。

ちょっとの距離でもすぐタクシーを使おうとする人をよく見かけるので、もっと短い方に票がかたよるかと思ったのですが、そうでもありませんでしたね。

まあ、タクシーってあまり短いと使いにくいというのがありますよね、運転手さんに気兼ねして。しかしあまり長いと今度は料金が高くなって使いにくい、というのもありますけど。

…

てなわけでもちろん正確に計ったわけではございませんが、

日本の標準は、

「タクシーを使わずに歩く距離は2kmまで」

に決定いたしました。

手にした現金は…

一時期10万円札か5万円札ができるのでは、という噂がありましたがとんと聞こえなくなりました。

まあ、昨今では5万円、10万円の買い物はカードですることが多くなりましたから5万円札とかいってもそんなに出番はないかもしれませんね。

そういえば先日、郵便局の定期を解約したので50万円もって30メートル離れた銀行に行って預けて、ふと気がつきました。生涯で現金を実際に手にしたのは、今のが最高金額であると。

その前の最高が大学の入学金を払いに行ったときでした。確かこのときは30万だったと思います。高い買い物をしたことがないわけじゃないのですが、現金を手にしたのはせいぜいこのくらいなのです。

さて、結婚式や葬式の受付とか、仕事で扱っているとかは除きます。

純粋にプライベートの場において、あなたが手にしたことがある現金の最高額はいくらですか？

Let's VOTE

（１）10万円以内
（２）10万～30万円
（３）30万～50万円
（４）50万～70万円
（５）70万～100万円
（６）100万～300万円
（７）300万～500万円
（８）500万～700万円
（９）700万～1000万円
（10）1000万円以上

……あなたはいくら？

集計結果（総投票数65票）

（１）	10万円以内	4票
（２）	10万〜30万円	9票
（３）	30万〜50万円	13票
（４）	50万〜70万円	9票
（５）	70万〜100万円	9票
（６）	**100万〜300万円**	**16票**
（７）	300万〜500万円	3票
（８）	500万〜700万円	1票
（９）	700万〜1000万円	0票
（10）	1000万円以上	1票

価格帯でおわかりになるかも知れません。

「車を買った代金を払うとき」という人が多いんです。

結構キャッシュで買う人っているんですね。そりゃ、いくらクレジットカードの普及率が上がっているといっても持ってる人ばかりじゃないし、ローンが嫌い、という人もいるようですね。とはいえ、やっぱり全体の中では少ないようで、現金で出すとディーラーの人も驚くようです。

あとは引き出したお金を、そのまますぐに別のＡＴＭに入金するために、移動の間だけ数分持っていたという場合ですね。

しかし、１００枚あってもお札って大した厚さじゃないんですよね。

●●●

てなわけで主に車を買うときにキャッシュで払った金額ということで、

日本の標準は、「手にした現金の最高額は100万〜300万円」に決定いたしました。

歯医者における目の立場は…

歯医者で治療していたときに、削りくずが目に入るという恐ろしい体験をした人がいます。「ねえねえ、こんなことがあったんだよ」とその話をしたら、「治療中に目を開けているの？」と聞かれたそうです。

まあ歯医者で口を開けろ閉じろはいわれますが、目を開けろ閉じろはいわれませんので、それぞれの流儀の方がいらっしゃるのではと思います。

最近は防護めがねをかけさせる歯医者もありますね。

とはいえ、防護めがねを使っていても目を閉じることがありますが、恐いというよりも、あれって、目を開けていると、歯医者さんのどアップを見ていることになるからじゃないでしょうか。

これだけ至近距離で、かつ長時間、人の顔が目の前にあるって経験は、ほかではしませんからね。やっぱり思わず目を閉じちゃいますね。

さて防護めがねあるなしに関わらず。

あなたは歯医者で治療中目を閉じますか？

Let's VOTE

（1）閉じる

（2）開ける

（3）10年以上歯医者に行ったことがない

……あなたはどれ？

さて、歯医者さんの意見からすると、治療中は目を閉じてもらった方がやりやすいそうです。

開いたままだと治療する側でも目の位置が制限されるそうな。いちいち目があったら嫌ですもんね。

治療される側も、目を開けていると視線のやり場に困るようです。とはいっても、顔を動かせないからそれほど視線も動かせないんですが。

「閉じないと恐い」という人もいるようですが、逆に「見てないと不安」という人もいます。別に不安な歯医者さんじゃないんだろうとは思

集計結果（総投票数139票）

(1) 閉じる	58票
(2) 開ける	**59票**
(3) 10年以上歯医者に行ったことがない	22票

いますが、見届けたいんでしょうか。

顔にタオルをかける歯医者さんもいて、こういうときは目を開いててもしかたないので閉じるようです。

●●●

てなわけで10年以上歯医者に行ったことがない人はさておき、
たったの1票差で、**日本の標準は、**

「歯医者では目を開ける」

に決定いたしました。

（まあ、歯医者さんも口の開け閉めの面倒をみなきゃならないし、目の開け閉めの世話まで焼きたくないでしょ）

日本の標準 ③-24

ズル休みの口実は…

皆さんはいったい、どんな理由をつけてズル休みをしているのでしょうか？　今回の範囲はあくまで「休むのに理由の申告が必要なもので、虚偽の理由を申告する場合」に限らせていただきます。現在仕事ではその必要がない方は学生時代、または仕事以外の集まりについてお答えください。

ズル休みの口実で、もっともよく使うものは何ですか？

集計結果（総投票数57票）

（1）	身内の不幸	3票
（2）	**病気**	**47票**
（3）	仕事	1票
（4）	アクシデント	4票
（5）	その他	2票

当日、突然休むってことですね。どれも「計画的に事前調整できない」ですからね。「来週の金曜、風邪ひきますんで」というのはちょっと無理があります。「来週の金曜、伯父の葬式ですんで」というのはもっと無理。「来週の金曜、山手線が止まりますんで」に至ってはお前はテロリストか！　ということになってしまいます。

●●●

てなわけで、次の日「大丈夫？」と聞かれてドギマギするけれど、**日本の標準は、**

「ズル休みの口実は病気」

に決定いたしました。

話の繰り返しは…

あなたのもとにこんな年賀状が来たとしましょう。

「長男も係長に出世し、忙しい日々を送っております」

そしてバーンと大きく、30歳になったその長男の写真。

……え？　この話、さっきしましたか？

とまあこのように、同じ人に同じ話をされることがよくあります。

立場によっては、この人の場合は何度でも同じ話を聞かねばならない、ということもございます。「それ聞きました」なんていおうもんなら……というケースはちょっとおいときまして。

わりと遠慮しない仲の場合に限定しましょう。家族ですとか、友達ですとか。

あなたは何回目に「それ聞いた」と指摘しますか？

（ちょっと数え方に注意してくださいね。1回目というのは繰り返しの1回目ではなくて、話を聞くことの1回目〈つまりほんとに初めて聞くとき〉です。ですので下限は2回になります）

Let's VOTE

（1）2回目
（2）3回目
（3）4回目
（4）5回目
（5）10回目
（6）何度でも

……あなたは何回目？

わしゃ～
ハタチのとき
宇宙人に
さらわれた
まあ
まあ
それで？
お互い忘れていれば
何の問題もありませんね

物忘れが激しく、よく分からないままに何度でも同じ話を聞き、その度ごとに違った反応をしてしまうという神のごとき人もいますが、たいていの人は、2回目か3回目であっさり指摘しちゃうようで。

　自分が話をする時は、前に話したかもしれない可能性を考えて、話す前に「前に言ったかもしれないけど？」と切り出してから話し始める、という人がいます。

　もっとも、人によっては「その話もう聞いた」と言ってもお構いなしに繰り返し喋る人というのがいて、そうい

集計結果（総投票数133票）

(1) 2回目	47票	(4) 5回目	5票
(2) 3回目	**49票**	(5) 10回目	2票
(3) 4回目	9票	(6) 何度でも	21票

う人に当たったら、もう運が悪いと思うしかありません。

まあ、相手の話術と話の内容によっては何度同じ話を聞いても別にかまわない、というのは皆さんあるようですけどね。

●●●

てなわけで、さすがに3回以上も同じ話を聞かされるのはたまったもんじゃないってコトで、

日本の標準は、

「同じ話を聞いたときは3回目に指摘する」

に決定いたしました。

一般的な遅刻は…

「相手の遅刻時間」ということで問題をいただきました。私も待ち合わせをする相手のことを考え始めたのですが、これがわからない。自分が遅刻の常習犯だと、相手の遅刻時間はまったくわからないのでした。

てなわけで自分でも相手でも、**待ち合わせに全員がそろうまでの時間って、どのくらいが普通ですか？**

集計結果（総投票数47票）

(1) 定刻より前…1票	(4) 10分以内…7票
(2) 定刻通り…8票	(5) 15分以内…9票
(3) 5分以内…1票	**(6) 15分以上…21票**

私は世の中を甘く見ておりました。選択枝を15分までしか用意してなかったのは不覚でした。よく海外ビジネスマンが「××人は時間にルーズだ」とかいうのを見かけますが、日本人が時間に正確なのは、相手がお客さんのときだけなんですね。だって社内会議や友達同士だと、平気で20分くらい遅れますもの。

てなわけで必ず遅れてくる人はいるようで、**日本の標準は、**

「待ち合わせに全員が揃うまでは15分以上」

に決定いたしました。

県名の列挙は…

これから県の謎にせまる問題を2つほど出しますが、その前に少し予習をしておきましょう。

知り合いの役人がいっていましたが、国家公務員になると、都道府県名がすべていえるようになるそうです。しかも決まった順番で。

あなたは47都道府県をすべていえますか?

白地図を用意いたしました。

実際に地図を見ながら番号に該当する県名をひたすら答えてみてください。

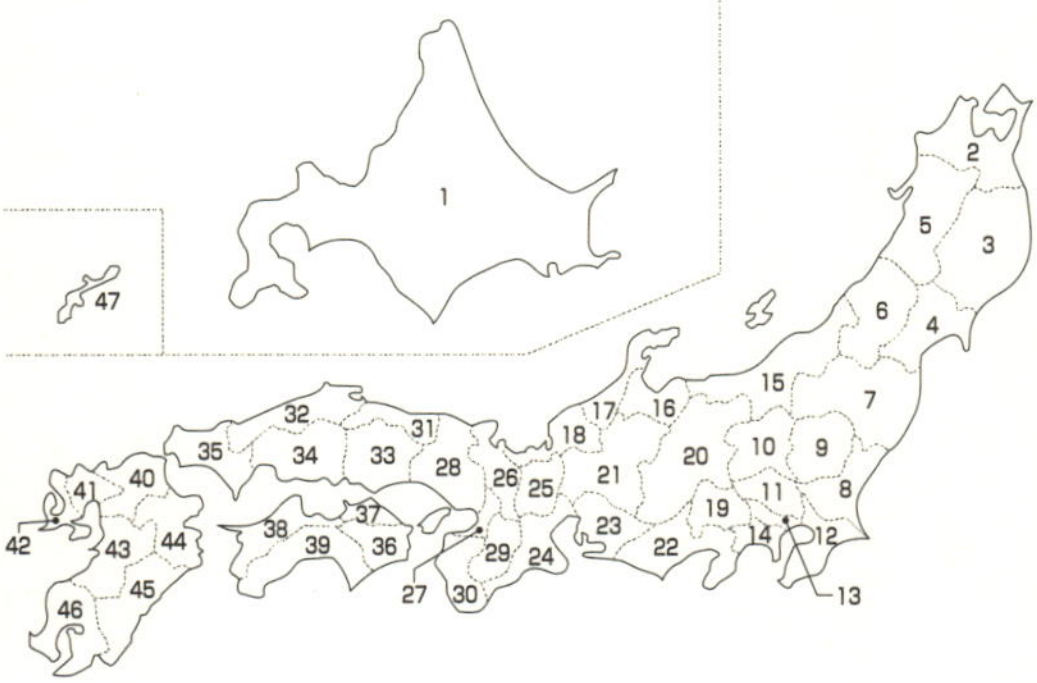

Let's VOTE

(1) いえる

(2) いえない

……あなたはどっち?

集計結果（総投票数123票）

(1) 言える	**70票**
(2) 言えない	53票

これは実際にネット上で47都道府県の名前を入力してもらいました。

正答率が一番高いのは、当然ながら北海道。続いて青森県、ここまでは誰でもわかるのですが、その先になるといきなり怪しくなります。「盛岡県」と書いて、それとは別に岩手県が存在すると考えた方もいます。

誤答率は1位島根県、2位鳥取県のワンツーフィニッシュ。単に位置の問題だけではなく字が似てるし、「とっとり」の「とり」が「鳥」じゃないというのがそれに輪をかけて混乱を招いているようです。他にも中国勢は山口県以外は岡山県10位、広島県11位と総崩れ状態でした。

1人だけ岐阜県を島根県と間違えた人がいましたが、共通点がほとんどないのになぜこうなったのか謎です。

県名以外を書いてしまった間違いで一番多かったのは「松山県」。もちろん愛媛県をこう間違えた方が多いのですが、四国内部の配置は全般的にかなり怪しいようで、徳島・香川を松山県にしてしまった人もかなりいました。

…

てなわけで間違えた人もかなり多かったのですが、**日本の標準は、**

「47都道府県すべていえる」

に決定いたしました。

茨城県の読み方は…

さあ、予習がすんだところで、シリーズ「県の謎に迫る」第1弾、まずは東日本編です。

県の謎といえばやはり茨城県。昔から「イバラキ」「イバラギ」の2通りの読み方があります。大阪の茨木市もそうですね。

さて一応最初に言っておきますと、これには正解らしきものがございます。公式にはこう振り仮名を振ってるし、NHKのアナウンサーもこう読んでいる、というのがあります。

しかし……往々にして正解と標準は違うのです。

例えば菊池寛、本当は「きくちひろし」だそうです。でも、標準は「きくちかん」ですね。

あなたは茨城を濁って「イバラギ」と読んでますか、濁らず「イバラキ」と読んでますか？

Let's VOTE

(1) イバラギ（濁る）

(2) イバラキ（濁らない）

……あなたはどっち？

正解は茨城県も茨木市も「イバラキ（濁らない）」です。今回の調査で、茨城県が日本一正しく読まれていない県であることがはっきりわかりました。

「茨城県民と茨木市民は、お互いに自分は『イバラキ』で向こうは『イバラギ』だと思っている」という格言もあるようです。

インターネットの検索エンジンで「いばらき　いばらぎ」の2つのキーワードで検索すると、読み方がいばらきであることを主張する方のページが大量に検索されます。

彼らにとって今回の結果は

集計結果（総投票数121票）

(1) イバラギ（濁る）	**76票**
(2) イバラキ（濁らない）	45票

目を覆わんばかりでしょう。

さらに、今回2番を選んだ方の中にも後天的に矯正した方がかなりいらっしゃいました。茨城県出身者に矯正された人もいます。つまり、最初から「イバラキ」と読んでいる人はかなりの少数派なのです。

こうなると不思議なのは、むしろなぜ「イバラキ」の方が正しいということになったのか、という気もしますが……。

●●●

てなわけで正式には間違っているのですが、

日本の標準は、

「茨城県の読み方は〝いばらぎ〟」

に決定いたしました。

電子メールと動詞は…

電子メールを「出す」っていいますね。「打つ」もよく聞きます。メールを「送る」、「書く」、これもごく普通です。

考えてみれば妙な話です。たいてい物事は、使う動詞が決まっています。野球だったら「打つ」と「送る」では大違い、サインの見間違いで罰金取られて二軍行きですよ。

さて、あなたは電子メールを「どうする」といいますか？

集計結果（総投票数92票）

(1) 送る	50票	(6) 投げる	2票
(2) 出す	12票	(7) 入れる	2票
(3) する	11票	(8) メーる	2票
(4) 打つ	6票	(9) 飛ばす	1票
(5) 書く	6票		

答えが絞れませんという答えも結構ありました。意外だったのが「送信する」が1票もなかったことです。メールソフトにはたいていこう書いてあるんですけどね。

野球では「出す」といえば「ランナーを」、「送る」といえば「バントで」、「投げる」といえば「ボールを」、「打つ」といえば「バットで」、「入れる」といえば「点を」というように、だいたい使う動詞が決まっているのに、メールではこのように多岐にわたるというのは、成熟しきった文化と発展中の文化の違いなんでしょうか。

てなわけでかなり一般的に使うようになってきた「メール」ですが、**日本の標準は、**

「電子メールは『送る』もの」

に決定いたしました。

三重県の所属は…

さて、ひと息ついたところで、シリーズ「県の謎に迫る」第2弾、西日本編です。

三重県って「近畿地方」だと思っていたけれど「中部地方」だよ、といわれた方からご質問をいただきました。

気になって調べてみました。そしたら、三重県の立場ってめちゃくちゃ曖昧ですね。とりあえずわかったことは①津地方裁判所から控訴すると名古屋高等裁判所に行く。②受験研究社の「小学校高学年向け・社会自由自在」の地図では、三重県は近畿地方に分類されている。③地方行政連絡会議法では、三重県の所属しているのは東海地方行政連絡会議である。④広辞苑の「三重」の説明には「近畿地方東部の県」とある。

中部地方って結構広いんでよく甲信越・東海・北陸に分けたりしますが、今回は一括して中部地方とします。

三重県は中部地方（東海地方含む）だと思いますか、近畿地方だと思いますか。

Let's VOTE

（1）中部地方

（2）近畿地方

……あなたはどっち？

ふーっ、むちゃくちゃ熾烈な戦いだった。

「近畿二府四県」といういい回しがあって、これだと三重県は近畿に入らないわけです。ところが少数派ではありますが「近畿二府五県」といういい方しか聞いたことがないという方もいらっしゃいます。

テレビの天気予報の影響は大きいですね。中部地方の予報に三重県は入っているから、中部だと。ところが、どうも近畿で流れる天気予報にも三重県は入っているらしくて。

地元の方に言わせると、木曽三川に橋が架かって、名古

集計結果（総投票数111票）

(1) 中部地方	55票
(2) 近畿地方	**56票**

屋との行き来が便利になってから中部地方の色が濃くなったそうです。そこで、三重県県庁に問い合わせてみると、「法律で決まっているわけじゃないので、近畿でも中部でもどちらでもいいんですよ」とのコメント。にわかには信じがたいお答えですが、実際三重県は、近畿地方、中部地方、両方の県庁会議に参加し、どちらの地域ともうまくおつき合いをしているといいます。

国の出先機関だと中部地方に分類されることが多く、小学校の教科書だと近畿地方に分類されるんだとか。つまり、とりまとめている管轄の考え、分け方によるわけです。

でも所属を巡ってここまでみごとに割れる県というのも珍しいんじゃないでしょうか。まあ、しょせん県だの地方だのは人間が紙の上に引いた線なんですけどね。

●●●

てなわけで両方の地方に半分ずつ分けてもいいほどの緊迫した戦いでしたが、

日本の標準は、

「三重県は近畿地方」

に決定いたしました。

「日本の標準」の発音は…

「日本銀行」というのがありますよね。私は今まで、あそこは「にほんぎんこう」だと思っていたんです。ところが違うんです。正式には「にっぽんぎんこう」なんですね。

「日本大学」は「にほんだいがく」。「全日本空輸」は「ぜんにっぽんくうゆ」ですね。

「ニッポン、チャチャチャ」を「ニホン、チャチャチャ」とやるとえらく忙しくなってしまいますね。リズムも合わせにくいです。

いま挙げたような例は「にほん」「にっぽん」どちらで読むかがわりとはっきりしているんですが、中にはどっちだかわからないのも多いですね。ましてや初めて目にするものだと余計わかりません。

てなわけでズバリ聞きます。

あなたは「日本の標準」を、どう読みますか?

Let's VOTE

(1) にほんのひょうじゅん

(2) にっぽんのひょうじゅん

……あなたはどっち?

集計結果（総投票数65票）

(1) にほんのひょうじゅん ……………………… 37票

(2) にっぽんのひょうじゅん ……………………… 28票

この本のタイトルに限らず「日本」すべてにいえることですが、「にほん」の方がマヌケ感が高いという意見と、全く逆に「にっぽん」の方がマヌケだという意見が両方あります。

「にほん」マヌケ説の支持者によれば「にほん」という発音には鼻から屁が洩れているようなフヌケ感がある、と。逆に「にっぽん」マヌケ説の支持者にいわせればぽん酢のぽん、アンポンタンのポンである、と。

「にっぽんの……」というとえらくかしこまって聞こえるとか、「にっぽん」は外国向けで国内向けは「にほん」なんじゃないかとか、いろいろなご意見をいただきました。

筆者の意図としては、「にっぽんのひょうじゅん」なのですよ。やはり「にほんのひょうじゅん」って、メリハリがないじゃないですか。口に出して読んでみてください、「日本の標準！」って。

ほら、「にっぽんの」って感じでしょう？

ん!? 「にほんの」でも、別におかしくないな。そうか。どっちでもいいです。

●●●

てなわけで選定委員会の意図とは見事に違いましたが、**日本の標準は、**

『日本の標準』は『にほんのひょうじゅん』と読む」

に決定いたしました。

あとがき

回答に併せて寄せられたコメントを見ていると、結構自分の意見が日本の標準かどうかで皆さん一喜一憂しているようです。それも2つの意味で。

1つは、自分の選んだほうが標準でないとがっかりする人。自分は少数派だったのか、とショックを受けるわけです。

逆に、自分の答えが標準以外だと喜ぶ人。標準的でないというのはよくいえば個性的ってことですから。自分はちょっと変わってるって思いたい、という気持ちもあるんでしょうね。

この2つの感情は矛盾しているようで、ひとりの人間の中に同居しています。

まあ、正直いってネットでの投票ですから、そんなに厳密なものじゃありません。でも、ネットに限らず調査なんてそんなもんですし、この本の結果も話半分に聞いておいたほうが良いんですが、それでもどうでしょう、自分の常識がちょっとぐらつきそうになったのでは。

よく我々は「普通は～でしょう」と口にしますが、世の中にはまだまだあなたの知らない「普通」があるのです。

この本に掲載した以外にも多くの標準があります。パソコンや携帯をお持ちの方は、ぜひ「日本の標準」のサイトにアクセスしてみてください。

「日本の標準」サイト
ＰＣ用　http://matsuri.site.ne.jp/taro/
携帯用　http://matsuri.site.ne.jp/t/

最後までお読みくださってどうもありがとうございました。

我々の「標準制定」の道はまだまだ続きますが、この本はひとまずここで終わりです。

「日本の標準」に質問をお寄せくださった皆さん、そして回答していただいた皆さんに感謝いたします。

てなわけで何1つ意見はまとまりませんでしたが、

日本の標準は、

以上のように決定いたしました。

「日本の標準」議長　佐野　祭

●標準的な日本人はこんな人●

エビフライのしっぽ、鮭の皮、みそ汁のしじみ、フタについたアイスも残さず食べています。飽食の時代ですが、結構食べ物を大切にしているんですよ。
30歳を過ぎても落ち着かないような人には、「いい年をして」……と思ってしまうのですが、自分の青春はいつまでも続く気がしています。ちょっと自分勝手ですね。
割箸袋の爪楊枝、パンツの穴、せっかくついているけれど使いません。トイレの大小レバーも使い分けないし。どれもあまり便利だと思わないんです。
寿司ネタといえばやっぱり「まぐろ」でしょう！お茶はもちろん煎茶です。日本人ですからね。あ、でも最近は節分の豆まき全然してないなぁ……日本人なのに。

佐野　祭(さのまつり)

人気ホームページ「佐野祭 ENTERTAINMENT WEB SITE」(http://matsuri.site.ne.jp/taro/)を主催。「日本の標準」をはじめ、お笑いショートショート集「大型小説」、新聞の隅に眠るおマヌケを探る「屋根の上の新聞読み」、見慣れたサイトがすべて猫語になる「猫になれ」などが掲載されている。驚異的なアクセス数で『個人ホームページのカリスマ』(講談社)でも紹介される。共著に「大嘘新聞」(新潮社)がある。

日本《ニッ》の標準《ポン》

2005年11月3日発行　　初版第1刷発行

著　者：佐野　祭

編　集：勝見雅江
発行者：鈴木　実
発行所：21世紀BOX(21th Century Box)
発行元：太陽出版
東京都文京区本郷4-1-14　〒113-0033
TEL：03-3814-0471　FAX：03-3814-2366
http：//www.taiyoshuppan.net/

印　刷：壮光舎印刷株式会社
株式会社ユニ・ポスト

製　本：有限会社井上製本所

ISBN4-88469-437-6